"中国劳模"系列丛书

U0669950

中国劳模

智能焊接的先行者
廖国锋

陶新宇◎著

吉林出版集团股份有限公司

全国百佳图书出版单位

图书在版编目（CIP）数据

智能焊接的先行者：廖国锋 / 陶新宇著. -- 长春：
吉林出版集团股份有限公司, 2025.6. --（"中国劳模"
系列丛书 / 徐强主编). -- ISBN 978-7-5731-6136-9

Ⅰ. K828.1

中国国家版本馆CIP数据核字第2025Q0H017号

ZHINENG HANJIE DE XIANXINGZHE：LIAO GUOFENG

智能焊接的先行者：廖国锋

出 版 人	于　强	
主　　编	徐　强	
著　　者	陶新宇	
组稿统筹	东北师范大学文学院创意写作研究中心	
责任编辑	金　昊	
装帧设计	刘美丽	

出　　版	吉林出版集团股份有限公司	
发　　行	吉林出版集团社科图书有限公司	
地　　址	吉林省长春市南关区福祉大路5788号　邮编：130118	
印　　刷	唐山富达印务有限公司	
电　　话	0431-81629711（总编办）	
抖 音 号	吉林出版集团社科图书有限公司　37009026326	

开　　本	710 mm×1000 mm　1 / 16	
印　　张	8.5	
字　　数	80千字	
版　　次	2025年6月第1版	
印　　次	2025年6月第1次印刷	

书　　号	ISBN 978-7-5731-6136-9	
定　　价	50.00元	

如有印装质量问题，请与市场营销中心联系调换。0431-81629729

序　言

　　劳动创造财富，劳动创造幸福，劳动创造未来。习近平总书记在2020年全国劳动模范和先进工作者表彰大会上的讲话中指出："全社会要崇尚劳动、见贤思齐，加大对劳动模范和先进工作者的宣传力度，讲好劳模故事、讲好劳动故事、讲好工匠故事，弘扬劳动最光荣、劳动最崇高、劳动最伟大、劳动最美丽的社会风尚。"当今世界，综合国力的竞争归根到底是科技人才和高素质劳动者的竞争。改革开放以来，我们强大的工人队伍用辛勤的劳动和拼搏奉献的精神推动中国制造、中国智造、中国创造走向世界的前列，使新时代的中国面貌日新月异。大力弘扬劳模精神、劳动精神、工匠精神，加强高素质技能人才队伍建设，打造一支宏大的知识型、技能型、创新型劳动者队伍，是伟大时代赋予我们的历史责任。

　　劳动模范是民族的精英、人民的楷模，是共和国的功臣。自改革开放以来，广大职工勇立改革潮头，独立自主，奋发图强，勇于创新，其中涌现出一批批全国劳模和大国工匠。他们参与建设了代表中国高度、中国速度、中国深度的一系列重大工程，提升了国家实力，打造了"中国名片"，树立了"中国品牌"，增添了"中国力量"，充分释放出工人阶级的创新活力，展示出大国工匠的强大创造力。他们以工人阶级的满腔热忱在各自平凡的工作岗位上取得了辉煌的成绩，书写了新时代的壮丽篇章。

爱岗敬业、争创一流、艰苦奋斗、勇于创新、淡泊名利、甘于奉献的劳模精神，崇尚劳动、热爱劳动、辛勤劳动、诚实劳动的劳动精神和执着专注、精益求精、一丝不苟、追求卓越的工匠精神，是广大劳动群众在社会生产实践中锤炼形成的弥足珍贵的精神财富，是工人阶级伟大品格的具体体现，是民族精神和时代精神的生动诠释。民族复兴需要劳动模范，祖国强盛需要大国工匠，中国制造、中国智造、中国创造更需要大国工匠的强有力支撑。在劳模、工匠等的成长故事、先进事迹中承载的劳模精神、劳动精神和工匠精神，是激励全国各族人民团结奋斗、勇往直前的强大精神力量。

"中国劳模"系列丛书，采用图文结合的方式，讲述全国劳模、大国工匠和先进工作者们的成长经历及他们追梦、筑梦、圆梦的故事，用他们在平凡岗位上创造不平凡业绩的真实故事感染读者，推动形成劳动最光荣、劳动最崇高、劳动最伟大、劳动最美丽的社会风尚，引导广大技术工人和青少年形成劳动光荣、技能宝贵、创造伟大的观念。

"匠心筑梦，强国有我。"新时代是一个万象更新、生机勃勃的时代，也是一个继往开来、创新创业和建功立业的大时代。希望广大读者能以劳动模范为榜样，以大国工匠为楷模，立志技能报国、技术强国，踔厉奋发，勇毅前行，锤炼思想品格，汲取劳动智慧，勇于担当、勤于钻研、甘于奉献，为推进新型工业化和乡村振兴，为加快建设制造强国、质量强国、航天强国、交通强国、网络强国、数字中国、农业强国，全面建设社会主义现代化国家贡献青春力量。

中华全国总工会副主席（兼）

中国航天科技集团有限公司第一研究院

211厂14车间高凤林班组组长

2022年11月

廖国锋，中共党员，1975年出生于广西横县，广西壮族自治区柳州市总工会兼职副主席、广西柳工机械股份有限公司装载机事业部高级焊接培训师。自1993年参加工作以来，廖国锋苦心钻研焊接技术，不断学习先进文化知识。"梅花香自苦寒来"，童年的贫困生活让他磨炼出了百折不挠的顽强意志，他扎根焊接一线32年，曾获得广西壮族自治区"劳动模范"、广西"最美劳动者"、柳州市"十大公民榜样"等荣誉称号，连续3年获得柳工股份公司焊工技能大赛冠军。柳工集团以他的名字创立了"廖国锋（劳模）创新工作室"，廖国锋在工作室带徒授艺，

直接受益者达500多人，培养出来的技术能手屡次在各项焊接技术比武中获得大奖。2015年，廖国锋荣获"全国劳动模范"称号。

从乡下的毛头小子到如今的"焊接大师"，这一路走来必定十分不易，廖国锋用自己的经历诠释了只要有梦想，有坚持，有付出，平凡人也能书写出不平凡的人生篇章。他的故事激励了无数青年工人，让他们相信，在平凡的岗位上同样可以绽放耀眼的光彩，为实现中华民族伟大复兴贡献自己的力量。

目　录

第一章　茉莉飘香育新苗　勤学苦读破重围 // 001

茉莉香萦家乡路 // 003

母亲严慈励成长 // 005

求学路上显才情 // 007

第二章　追梦路上启航程　技艺精进破茧成 // 011

父亲引路初心定 // 013

名师指点技艺精 // 020

第三章　技能大赛三连冠　荣耀背后苦练习 // 025

三冠征程显身手 // 027

匠心筑梦赢未来 // 031

第四章　跨越天津新征程　智能焊接展宏图 // 035

天津授艺显身技 // 037

智能焊接创未来 // 039

第五章　潜心学习修技术　桃李芬芳美名扬 // 049

春风化雨传匠心 // 051

匠心传承共未来 // 057

| 第六章 | 劳模工作创新高 | 技术攻关质量强 // | 067 |

　　深入一线解难题 // 069
　　技改创新提效率 // 072

| 第七章 | 技术攻关深磨砺 | 内容创新见真章 // | 079 |

　　技术攻关展实力 // 081
　　生产管理显成效 // 088
　　团队建设重培养 // 092
　　创新精神永向前 // 100
　　百尺竿头更进步 // 103

| 第八章 | 喜结良缘庆同心 | 以身作则培英才 // | 107 |

　　一见钟情结良缘 // 109
　　言传身教育栋梁 // 111

| 第九章 | 劳模表彰进京城 | 牢记使命创新优 // | 113 |

　　平凡岗位铸辉煌 // 115
　　砥砺前行续华章 // 119

第一章　茉莉飘香育新苗
　　　　　勤学苦读破重围

扫码解锁

◉群英颂歌 ◉焊匠传奇
◉创新焊艺 ◉奋斗底色

茉莉香萦家乡路

广西壮族自治区横县那阳镇勒竹村，是一个有着成片茉莉花海的美丽地方，是名副其实的茉莉花之乡。这里的茉莉花以其纯白的花瓣、馥郁的香气而闻名遐迩。傍晚，太阳缓缓下沉，将天空染成一片金黄。廖国锋走在回家的路上，他深深地吸了一口气，那清新的空气中夹杂着茉莉花的香气，使人心情舒畅。他知道，闻到这种香气就意味着马上要到家了。他的步伐不禁加快了一些，心里也有些迫不及待。尽管沿途风景如画，但廖国锋没有心思去欣赏。他的心早已飞回了家中，他想象着母亲忙碌地操持着家务的画面，想象着自己正帮她分担家务。他知道母亲一人持家不易，因此总想着为她做些什么。就这样，廖国锋快步走在回家的路上，茉莉花的香气伴随着他，仿佛在诉说着家乡的故事。

廖国锋快步回到家中，看着正在忙碌的母亲，说道：

"妈，你今天看起来很累，先喝口水吧。"母亲回答道："国锋真是懂事。但妈妈不累，就是有点儿担心你们姐弟三个，你爸爸长期在工地，很少回家，妈妈一个人难免照顾不好你们。"

廖国锋又说："妈，我们已经长大了。以后的家务活儿就让我来吧，洗衣、做饭、打扫卫生，我都可以做。"

"国锋，这些活儿太重了，你还是个孩子。"

"妈，我不怕辛苦。"

"国锋，你真懂事。有你这样的孩子，妈妈再辛苦也值得了。"

就这样，廖国锋从小就承担起了部分家务，只为让母亲有更多的时间休息和照顾祖母。他也开始尝试做各种农活儿，希望能通过自己的努力提高家里的生活水平。

廖国锋家中姐弟三人，他还有一个姐姐和一个弟弟。父亲廖远森是中铁二十五局的一名焊工。因为工作的原因，他长期在外，很少回家。这意味着家里的大小担子都落在母亲一个人的肩上。廖国锋的母亲不仅要照顾三个年幼的孩子，还要照顾年迈的婆婆。生活的重担压得她喘不过气来，一家人的日子过得也很拮据。这些都被从小就懂事的廖国锋看在眼里。他深知母亲的辛苦，主动承担起家务活儿。无论是洗衣、做饭，还是打扫卫生，廖国锋都做得井井有条。"穷人的孩子早当家"，廖国锋从小就明白这个道理，他希望能通过自己的努力减轻母亲的负担，犁田、插秧、收稻子、放牛、打猪草、做饭，他几乎什么都能做。

母亲严慈励成长

廖国锋的母亲是个睿智而勤劳的人，一生都在为家庭付出。母亲的教诲如同一盏指路明灯，照亮他前行的路。

在学习上，母亲对他们姐弟的要求始终是严格的。她总是告诉孩子们，学习是人生的重要内容，只有通过不断读书学习，才能获得更多的知识，成为更好的人。她教育孩子们要有担当，讲诚信，做事要有原则，做人要光明磊落。

在母亲的教诲下，廖国锋姐弟三人从小就养成了良好的学习习惯，也形成了优秀的道德品质。他们明白，只有通过努力学习，才能回报母亲；只有做到诚信有担当，才能对得起母亲。多年以后，廖国锋在闲暇时间写下了不少文学作品，用以表达对母亲的怀念，他说："母亲的身影，永远在我心中。她的教诲，是我人生的指南，我写下这些诗，纪念我深爱的母亲。"

小时候，廖国锋是个充满活力和好奇心的小男孩儿。他总是闲不住，喜欢到处闯荡，找新鲜事物玩儿。有一天，他看到一棵香蕉植株上面挂满了香蕉，廖国锋的口水不禁流了下来。他心想："这些香蕉看起来真不错啊，偷偷摘些来尝尝应该没关系吧！"于是，廖国锋开始策划他的"香蕉大计"。他趁着没人注意，悄悄地摘下了几根香蕉。他兴奋地跑回家，准备好好享受这份美味。

可是，他的快乐没有持续多久。很快，邻居发现自己的香蕉被"偷"了，而这个"小偷"正是廖国锋。廖国锋的母亲非常生气，把他叫到跟前，用藤条狠狠地抽了他一顿。母亲严厉地说："品行不端的事儿坚决不能做，你要懂得尊重别人的劳动成果。"廖国锋疼得直掉眼泪，但他也意识到自己的行为是不对的，他向母亲保证，一定不会再发生类似的事情。

后来，廖国锋所在的班级要选拔班干部，母亲鼓励廖国锋竞选班干部，希望他能成为一个有担当的人。廖国锋也不负期望做到了，他竞选成为副班长，积极参与班级事务，帮助同学解决问题，是一个受欢迎的班干部。

在童年生活中，虽然经历了不少艰辛和困苦，但有母亲的鼓励和支持，廖国锋总觉得自己很幸福。就像那村头飘来的茉莉花香一样，母亲的教诲一直萦绕在廖国锋的心头，陪伴他成长。

求学路上显才情

虽然廖国锋童年时期家庭生活十分贫困，但是他没有抱怨生活的不公。虽然没有充足的物质条件，但是他在精神上很富足，是一个在困境中成长，凭借优异成绩和出色能力而引人注目的孩子。他在小学时就展现出了不凡的领导能力：当选副班长，并且多次获得优秀班干部和三好学生等荣誉。尽管家庭条件艰苦，学习环境也不好，但廖国锋学习刻苦努力，成绩名列前茅。他的数学老师陈振兴十分看好他，给予他许多帮助，甚至为他提供住的地方。陈老师悉心的教导、对生活的热爱以及对学生的关怀和帮助，都深深地影响着廖国锋。也是自那时起，廖国锋对书本上描写的大千世界产生了强烈的好奇心，"孩儿立志出乡关"的想法在他心中悄然生根。他立志要成为一个有担当、有责任心的人，立志要有所作为，不辜负那些帮助过他的人。经过不懈的努力，廖国锋顺利考入了乡重点中学——那阳中学。

中学时期，廖国锋特别敬佩苏为芬老师。苏老师不仅是当地的语文名师，还是县楹联协会的会员，擅长写对联。

"来，廖国锋，你来试试对一对这个对联。"一天，苏老师突然点名让廖国锋尝试对一对她出的上联。廖国锋有些紧张，但还是站了起来，沉思片刻后，说出了自己的下联。苏老师微笑着点了点头。从此，廖国锋对对对联产生了浓厚的兴趣。

随着时间的推移，廖国锋开始尝试自己写诗和散文。他发现，为了研究一句诗是否贴切、一副对联是否工整，自己竟然会辗转反侧、难以入眠。"这也许就是真正的热爱吧。"廖国锋心想。如今，已成为焊接大师的廖国锋，翻看自己的朋友圈，发现里面几乎都是充满诗意和感悟的文字：他常用简洁而深刻的文字表达对工作和生活的态度。"这一切，都要感谢我

⊙ 童年廖国锋（前排左）与家人的合照

的语文老师苏为芬。"廖国锋感慨地说。

　　除了写个人的深刻感悟外，廖国锋还以独特的视角写了许多有关家庭和徒弟的文章，例如《焊接与婚姻》《慈母》等，这些文章不仅展现了他在工作和家庭中的不同面貌，更流露出他对家庭和徒弟的深情厚谊。在《焊接与婚姻》中，他以焊接为比喻，讲述了婚姻的酸甜苦辣。他认为，焊接需要技巧和耐心，同样，婚姻也需要经营和沟通。夫妻双方只有共同努力，才能让婚姻关系更加牢固。他的见解独到，引人共鸣。在《慈母》中，他回忆了自己母亲的一生，表达了对母亲的感激和敬意。他以细腻的笔触描绘了母亲的辛劳和付出，以及对自己的关爱和支持。他通过文章表达了对母亲的敬爱和思念，让人读起来不禁为之动容。他的诗歌不仅展现了他的才华和智慧，更流露出他对家庭、对亲人的真挚情感。

　　少年时期对诗词的兴趣，不仅让廖国锋在生活中多了诗意的浪漫，也培养了他持之以恒的学习精神。正是这种精神，让他在后来面对焊接工作时，能够静下心来刻苦钻研技艺。从诗词创作中习得的专注与耐心，成了他在焊接技术学习的道路上最宝贵的财富。

第二章　追梦路上启航程
技艺精进破茧成

扫码解锁

◉群英颂歌 ◉焊匠传奇
◉创新焊艺 ◉奋斗底色

父亲引路初心定

在人生的岔路口，也许一个选择就决定了往后的道路。

15岁的廖国锋面临着去职业中学学习技术还是读普通高中的抉择。每当夜深人静，他望着昏黄的灯光，母亲忙碌的身影便浮现在眼前。父亲常年在工地工作，风里来雨里去，靠着一双手艰难地维持着这个家。看着父母日渐佝偻的身影，年轻的廖国锋心中暗暗下定决心：要尽快工作，为家里减轻负担。

廖国锋最敬仰的人是他的父亲廖远森——一名经验丰富的焊工。父亲的焊接手艺也影响了他对未来职业的选择，而且那时候学习一门手艺也是不可多得的机会，这让他看到了一条可以快速改善家庭条件的道路。"一技在身，总能闯出一片天地。"父亲的这句话，在他心中扎了根。于是，廖国锋选择到广西横县职业中学（现广西横县中等职业技术学校）就读。

1993年，廖国锋从广西横县职业中学毕业。年仅18岁的他，已经准备开始探索属于自己的未来了。他学的是农村机电维修，对各种机械和电器的维修已经有了初步的了解和实践。

"国锋，你刚毕业，对未来有什么打算？"父亲问。

廖国锋沉默片刻，然后坚定地说："我想在机电维修领域做出点儿成绩，为家乡的农业机械化出一份力。"廖远森点点头，他理解儿子。但作为过来人，他深知焊接技术在工业领域中的重要性。

"国锋，我建议你试试焊接。现在工业发展迅速，焊工的需求量很大。而且，你学过机电，在这方面有一定的基础，上手会更快。"

廖国锋一时犹豫不决。他知道父亲的建议是中肯的，焊接工作的确很有前途，而且，他对焊接也确实有着浓厚的兴趣。在学校的实践课程中，他曾焊接过一些小零件，看到自己的作品逐渐成型，那种成就感无以言表。但他又舍不得自己学习了多年的农村机电维修专业。

"好，我会认真考虑的。"廖国锋回应道。

经过一段时间的深思熟虑，廖国锋决定采纳父亲的建议，放弃从事机电维修方面的工作，开始学习焊接方面的知识。他相信，只要努力和坚持，自己一定能在焊接领域中取得成绩。

而父亲的支持和指导，也会成为他前进道路上最坚实的后盾。于是，父亲亲自教授廖国锋手工焊的基本理论和实践操作。父亲深知，要想在焊接领域有所建树，基础知识和技能的掌握是必不可少的。因此，他花费了两个月的时间，精心指导廖国锋，让他逐渐掌握这些知识和技能。

父亲不仅教会了廖国锋如何正确地使用焊接工具、如何调整焊接参数，还向他传授了一些实用的焊接技巧。在父亲的耐心指导下，廖国锋的焊接技术逐渐提高，他对焊接工作的兴趣也越来越浓厚。父亲的悉心教导，让廖国锋在焊接领域迈出了坚实的第一步。他感激父亲的付出，也更加珍惜这难得的学习机会。父亲是廖国锋焊接事业的引路人，是他的启蒙老师。正是因为有了父亲的悉心教导，廖国锋才能在焊接领域中走得更远，走得更稳。这份深厚的父爱，廖国锋始终铭记在心中。

没过多久，廖国锋便在父亲的推荐下进入柳工路面机械有限公司工作。走上工作岗位之后，廖国锋才发现，作为一名刚刚参加工作的年轻人，自己肩负着巨大的责任与使命。那时，柳工正处在快速发展的阶段，随着公司业务和市场的逐步拓展，技术革新和人才培养显得尤为重要。作为一家老牌机械制造企业，柳工一直秉承"创新、协作、共享"的企业文化，尤其重视技术的突破和员工的成长，这种企业文化深深地感染了廖国锋。

他回忆道："刚进入柳工路面机械有限公司时，我虽然对焊接已有初步的认识，但面对庞大的生产设备和极高的技术要求，仍感到一切都是新的挑战。那时，我的心中充满了不安和困惑，甚至有些迷茫。但每当看到'质量至上'的企业标语，看到那些经验丰富的师傅们与团队成员一起解决难题，我便更加坚定了自己必须通过努力去迎接挑战的决心。"

柳工路面机械有限公司作为国内知名的机械制造企业，始终将技术创新和人才培养作为公司发展的基石。柳工的工匠精神，推动了每一位技术人员不断突破自我、提升技能。在这样优秀的企业文化的影响下，廖国锋逐渐确立起自己职业生涯的目标：不断提升焊接技艺，勇于创新，用实际行动传承柳工精神。

起初，他只是抱着试一试的心态去接触这个领域，但很快他就发现自己对于焊接的热情远远超出了自己的想象。他逐渐开始深入地学习焊接技术，通过不断的实践和探索，他的技艺越来越精湛，甚至在焊接时能够达到一种忘我的境界。

然而，当时的就业环境对于一个初出茅庐的年轻人来说并不友好。廖国锋也深知这一点，但他并没有因此而自暴自弃。相反，他更加坚定了自己的信念，不断地提升自己的技能，以便在激烈的竞争中脱颖而出。终于，在经过多次严格的考核之后，廖国锋顺利度过了实习期，成为柳工路面机械有限公司一名正式的焊工。

焊接工作在一般人看来是"苦、脏、累"的活儿，被看作是"努力不长智，费力不露脸"的工种。初入职场的廖国锋当时也有些困惑："焊工的职业前景到底在哪里呢？"然而，这种想法也很快就消失了，因为对于来自农村的廖国锋来说，能找到一份养活自己的工作已经让他感到满足了。随着工作的深入，廖国锋逐渐领悟到，工作的目的并非只养活自己，他想在焊接领域中做出一番成就。而想要当一名合格的焊工，绝非易事。

那时候在柳工，廖国锋负责焊接的是50C型号装载机的后罩座（装载机上用于包裹散热系统的覆盖件），需要采用二氧化碳焊的方式，但廖国锋之前只接触过手工焊，从未接触过二氧化碳焊，于是便从头开始学起。刚开始学习时，他经常控制不好电流导致铁板被焊穿。有时，因为焊位狭小，廖国锋必须蹲着、跪着甚至趴着才能施焊。很多时候，同一个姿势要保持一整天，一整天干下来，廖国锋腰都直不起来。对于廖国锋来说，身体劳累是小事，专业的不对口及焊接技能的缺乏才是大事，自己一定要补齐这块"短板"。

"在这艰难的起步阶段，我逐渐意识到，柳工路面机械有限公司不仅是一个工作场所，更是一种愚公精神的象征，一种工匠精神的传承，一种追求卓越的理想。"廖国锋常常这样在心里提醒自己。柳工的企业文化深深扎根于他的内心。这种文化不仅仅体现在公司的管理上，更体现在每一位员工的行动中，正如柳工的所有前辈们所秉持的理念——创新与质量是柳工文化的核心，而这种文化推动着每一位员工走上更高的平台。

起初，廖国锋焊出的焊件质量欠佳，不是焊接得不牢固，就是焊缝有空隙或者焊缝表面不平整，与经验丰富的师傅相比，差距明显。焊接是一门需要技巧和经验的技艺，有平焊、立焊、横焊、仰焊等多种方式。每种方式都有其独特的技巧和要求，需要焊工不断摸索和实践。廖国锋深知自己的不足，他虚心向有经验的师傅请教，并不断研读相关书籍，不断学习和实践。他每天都在琢磨着如何提高自己的焊接技艺，不断尝试着不同的焊接方法和技巧。经过一段时间的努力琢磨，廖国锋的焊接技艺日益成熟。没过多久，他被任命为结构车间主任，肩负更重的责任。他发现，当时国内焊接领域还亟须一场变革，以便提高生产效率，减少误差。

"每一次焊接，都是对自己技术的挑战，也是对柳工精神的呼应。在不断创新中，我们不仅实现了自我价值，更推动了行业的进步。"廖国锋明白，个人的成长离不开团队成员的支持，也离不开企业文化的滋养。通过与团队成员的共同努力，他逐渐领会到：只有不断更新自己的技术，才能在激烈的市场竞争中占据一席之地。而这种不断追求卓越的工匠精神，正是柳工文化的核心所在。

名师指点技艺精

在柳工路面机械有限公司的日子里，廖国锋对焊接技术的追求从未停歇。每一次新技术的出现，都让他兴奋不已。手工焊接的工作刚刚上手，他就在思考着如何能让技艺更上一层楼。机遇总是青睐有准备的人。1999年，一个难得的学习机会降临到了他的面前——美国CASE公司的焊接专家特莱伯来到公司进行富氩混合气体保护焊培训。对于渴望掌握新技术的廖国锋来说，这无疑是一个绝佳的机会。

培训期间，廖国锋越发感到新工艺前景可观，于是他勤学苦练，每天总是比别人早到晚走。当时的廖国锋在柳工路面机械有限公司任职，而柳工路面机械有限公司是柳工机械股份有限公司的子公司之一。"那时我刚刚接触到这种新工艺，心中充满了好奇与期待。富氩混合气体保护焊的出现，几乎让我看到了未来焊接技术发展的方向。"廖国锋后来回忆道。

在特莱伯的培训过程中，廖国锋不仅全身心地投入技术学习中，还主动向特莱伯请教。"西方人没有午休习惯，我借此机会经常找特莱伯先生'开小灶'，"廖国锋说，"他很耐心地解答我每一个疑问，我也从中学到了很多国外的先进知识。"

当时，廖国锋被特莱伯先生的专业知识和技术所吸引，他深感这种新工艺具有广阔的应用前景。为了能够掌握这门新技术，他勤奋学习，苦练技艺，全身心地投入对这项技术的钻研中。"那段时间，我白天听讲解、做试验，晚上还要复习和总结，每天都比别人早到晚走。"廖国锋坦言，正是这种刻苦的精神让他在技术的掌握上取得了巨大的进步。

"嗨，国锋，今天你又比别人早到了啊！"

"是啊，特莱伯！我对这种富氩混合气体保护焊的新工艺非常感兴趣，我想学习和掌握它，"廖国锋显得格外兴奋，"这种技术应用起来，焊接质量会更好，速度也更快，特别适合一些高端产品的生产。"

"好啊。你有什么问题都可以问我，我会尽力解答。"

"我想知道，这种新工艺有哪些优点和局限性。"

特莱伯沉思了一下，然后说："优点包括焊接质量高、焊接速度快、材料变形量小等。局限性主要是对焊接设备和气体纯度要求较高、成本较高。"

廖国锋赶紧记下来："我明白了。那么在实际应用中应该注意哪些问题呢？"

"需要注意焊接前的准备工作，包括工件表面的清洁、焊丝的选用等。同时，焊接过程中要控制焊接参数，保证焊接质量。"

"非常感谢您的指导。我会认真学习和实践，争取早日掌握这门新技术。"廖国锋自信地说。

最终，他掌握并精通了这门新技术，赢得了特莱伯先生的赞誉："他是我在中国遇到的最好的、最刻苦的、最善于学习的焊工。""这份赞誉让我倍感自豪，更坚定了我继续深造的决心。"廖国锋感叹道。

随着廖国锋在焊接技术方面的知名度和影响力的不断扩大，2000年，美国CASE公司进行全球供应商招标，廖国锋当时所在的柳工路面机械有限公司一举中标成为CASE公司铲斗、动臂、振动锤等部件的生产和供应商。"当时，我站在公司会议室里听到这个消息时，心中满是激动与自豪。那一刻，我知道，自己多年的努力终于得到了回报。"廖国锋明白，这不仅仅是自己个人的胜利，更是外界对柳工产品质量的认可。

柳工产品焊接质量高的美誉也因此流传海外。2004年，澳大利亚ROBBO公司也看上了以廖国锋为代表的柳工焊接力量，主动上门寻求合作，将每年1000多台套挖斗、四合一斗、叉车架等部件交给他们生产，让柳工路面机械有限公司每年新增产值150多万元。"能与国际知名企业合作，意味着我们不仅是在生产产品，更是在为柳工赢得国际市场的声誉。"廖国锋兴奋地说。经过这些技术交流，廖国锋也带着国外的先进技术和理念投入新的工作中。

"这些年来，技术的积累与交流不仅让我更加自信，也让我深刻感到，技术创新和国际合作是推动公司不断前行的重要力量。"廖国锋的声音中带着坚定和自信，回顾过去，他知道，这场技术创新之旅远未结束。

第三章 技能大赛三连冠
荣耀背后苦练习

扫码解锁

◉群英颂歌 ◉焊匠传奇
◉创新焊艺 ◉奋斗底色

三冠征程显身手

在制造业中，有一种工艺被赞誉为"钢铁之花"，那就是焊接。对于柳工来说，焊接不仅仅是核心工艺，更是企业持续发展的"命脉"。每一次焊接，都是柳工对品质的坚守和对完美的追求。在柳工的企业文化中，精湛的焊接技艺是生产高品质产品的关键。为了不断提高员工的技能水平，柳工工会每年都会举办一次焊工技能比武，每个生产单位也会在一年中至少举行一次类似的技能比武，技能比武包括理论考试和实际操作两部分。理论考试主要考核选手们的基础知识，而实际操作则考验选手们的扎实功底。实际操作围绕"板对板焊、板管对接焊、压力容器焊试漏试压"对参赛选手进行考核。这是对焊接工人们技术水平的检验。每一次比赛，都是一次技术上的交流与切磋，都是一次对焊接工艺的深入探讨。

从2004年至2007年，廖国锋连续三届赢得了公司焊工岗位技能大赛的冠军，这一成就背后的故事却鲜为人知。"这段经历在我职业生涯中是极为珍贵的。每一次比赛，不仅是对自己技术的挑战，更是对自己极限的考验。"廖国锋后来回忆道。

那时的柳工正处在高速发展时期，焊工们忙得几乎没有时间照顾家庭，他们要利用业余时间进行大赛的备战练习，这意味着他们不仅需要高效地完成生产任务，还需要牺牲自己的业余时间。"比拼的不只是技术，还有对时间和精力的分配。在日复一日的训练中，我常常被疲惫压得喘不过气，但那种对技术的执着和对完美的追求，总能让我坚持下来。"廖国锋总是第一个走进操作间，最后一个离开。一天的练习下来，他的双眼被焊接弧光"灼伤"，红肿得像两颗桃子。晚上，工友们都下班了，他仍然在继续练习，从摆枪位置到焊接参数，他都在不停地摸索，寻找最佳的焊接点。第二天，他会把不满意的问题带到现场向师傅们请教，直至得到满意的结果为止。

在2004年技能比武的备战阶段，除了日常的工作之外，廖国锋都是利用上夜班完成生产任务后的空余时间进行练习。他常常一练就到清晨五六点钟，熬得两眼通红，身上留下了无数块伤疤。他的视力也由最初的1.4下降到0.6，但他从未放弃对技艺的追求。为了掌握理论知识，他废寝忘食，愣是把工程建设系统焊工考试理论题库、电工考试题库背得滚瓜烂熟。他的努力没有白费，在最终的理论考试中他获得了95.5分的高分，这是他辛勤努力的见证。

终于到了惊心动魄的实操比赛环节，比赛发令信号吹响了！廖国锋迅速地穿戴好焊接防护用品，选好材料后开始进行试件组对、上架装夹、测试电流电压、焊接等一系列工作。虽然已经身经百战，但他依然保持着一如既往的严谨和专注。"每一次比赛，都是我对自己技艺的一次深入检验，每一个焊接动作，都是在向自己心中的完美标准迈进。"廖国锋心中默默想着。在施焊的过程中，他运枪平稳，专注于根据不同考核内容变换焊条角度和运枪手法，一条条表面平滑、连接无缝、压面完美的焊缝在火花四溅、弧光变幻中诞生，犹如一件件艺术品，令同行及裁判赞叹不已，最终他斩获了第一名的佳绩！

"那一刻，我的心情非常复杂，既有激动也有平静，因为那是我多年坚持与努力的回报。"

在决赛中的仰板对接焊环节中，一块滚烫的铁皮不慎掉到了他的左手上，尽管隔着一层手套，但廖国锋还是感到钻心的疼痛。为了保证焊接口的平整，他咬牙坚持，一动不动直到焊完。"那时的我只想着完美地完成每一项任务，不向任何细节妥协。疼痛，仿佛变得不再重要。"至今，他的左手上还有那次比赛中留下的伤疤。"这些伤疤不仅是技艺的见证，它们也是我对工作的热爱与坚守的见证。"廖国锋这样说道。

廖国锋能在备赛和生产之间找到平衡。工作时他全身心投入生产，下班后则扎进工作间针对比赛项目进行强化训练。他知道比赛项目和平时工作内容相差很大，因此必须进行额外的训练。挑灯苦练至三更半夜，他依然坚持不懈。焊花在廖国锋的手臂上留下了岁月的痕迹，这些痕迹见证了他从一名普通的焊接工人成长为柳工"三冠王"的历程。

焊接工作，火候都在手上，不仅要求操作者手臂有力还要求关节灵活，可以稳定而准确地完成各种焊接操作。廖国锋可以精确地掌握电焊机的焊接角度、停顿时间、电流大小，这一切都源于他日复一日的艰苦训练和对焊接工艺的深入学习。他在比赛中所表现出来的沉稳、镇定、灵活、善于使用资源等综合素质，奠定了他成为柳工首批技能大师的基础。

匠心筑梦赢未来

除了在技能比武中大显身手外，廖国锋日常做得更多的是把技艺用在实际生产中。他主导实施的CLG855装载机前车架连接板、前中梁连续船形焊方法，大大提高了生产效率和焊接的外观质量。他设计制造的主机架护罩拼焊定位工装，使护罩装配合格率由20%提高到99.7%。这些成果不仅是他技艺的体现，更是他对工作的热情和责任心的体现。"每一次技术改进，背后都是对工作质量的坚守和对自己责任的担当。"他明白，自己的技能和知识不仅帮助他赢得比赛，更在实际工作中发挥了最大的价值。他持续探索和尝试新的焊接方法和工艺，以提高生产效率和产品质量。同时，他也积极向年轻的焊接工人传授技艺和经验，帮助他们提高技能水平。

随着柳工的不断发展，廖国锋也面临着新的挑战和机遇。他开始参与公司的产品研发项目，为新产品的设计和制造提供

⊙ 廖国锋在产品试驾现场

专业的焊接技术意见和建议。他的经验和技能在产品研发中发挥了重要作用，为公司的产品创新作出了积极贡献。同时，廖国锋也深刻意识到，要想在技术领域中取得更大的突破和进步，必须不断学习和掌握新的知识和技能。因此，他利用业余时间参加各种专业培训和继续教育课程，不断充实自己的知识和技能储备。他的努力和付出也得到了回报，他的技能水平和综合素质得到了进一步的提升。

如今，廖国锋已经成为柳工的一名资深技术专家和技能大师。他的成功故事不仅激励了更多的年轻人投身焊接行业，也成了柳工的一张闪亮名片。

第四章　跨越天津新征程
智能焊接展宏图

扫码解锁

◎群英颂歌 ◎焊匠传奇
◎创新焊艺 ◎奋斗底色

天津授艺显身技

2008年，广西柳工机械股份有限公司出于经营战略考虑，在天津成立了分公司——天津柳工机械公司。这是一家以专用设备制造为主的企业，创立之初，急需坚实的技术支撑。正是在这样的关键时刻，柳工总部选派廖国锋前去天津做技术支援。面对新工厂基础薄弱的严峻形势，他没有丝毫的退缩。"要想把工厂搞好，纸上谈兵是不行的。"廖国锋深知，必须带领团队在实践中摸索前进。

初到天津时，廖国锋发现不少焊工的基本功还不扎实。他二话不说，便带头前入生产一线，和工人们并肩作战。每当遇到技术难题，他都会做现场示范，手把手地教。工人们被他这股干劲儿所感染，纷纷主动加班学习。短短几个月内，他就培养出40名焊接骨干，为工厂注入了强劲的技术力量。

"教学相长，在培训他人的过程中，我也在不断地提升自己。"廖国锋说。他善于因材施教，总能发现每个徒弟的特长，因势利导，帮助他们突破技术瓶颈。2008年天津空港保税区举办首届焊工技能大赛时，他带出的2名年轻徒弟便脱颖而出，分别夺得气体保护焊亚军和电弧焊季军的好成绩。这份成绩不仅证明了他的培训能力，也为天津柳工赢得了荣誉。

功夫不负有心人。在廖国锋的带领下，天津柳工的整体焊接技术水平突飞猛进，工人们很快就能够独当一面。看着那些昔日的"菜鸟"如今都成长为技术能手，廖国锋倍感欣慰。这段经历也让他逐渐摸索出了一套行之有效的培训方法。后来廖国锋回到柳工总部后，公司特别聘请他担任培训专员，专门负责焊接人才的培养和技术攻关。

在之后的日子里，廖国锋将这套培训经验继续发扬光大。他不拘一格选用人才，敢于起用新人，悉心指导。在他的带领下，徒弟们在各类技能大赛中屡创佳绩。仅在2006和2007连续两年的柳工内部焊工岗位技能大赛中，他的徒弟就创下了4人进入前6名、7人进入前10名的骄人战绩。"作为一名一线劳动者，弘扬工匠精神就是要在熟悉的领域和岗位上，钻研出更多新理念、新技术来推动生产。"这是廖国锋常挂在嘴边的话。

正是在培训过程中，廖国锋愈发感受到，焊接技术正在经历着前所未有的变革。虽然传统的手工焊接是基础，但智能化、自动化的浪潮正在悄然兴起。2009年，又一个难得的机会摆在了他面前——公司选派他赴日本学习焊接机器人技术。这让他看到了焊接技术发展的新方向，也为他的职业生涯开启了崭新的篇章。

智能焊接创未来

廖国锋第一次接触焊接机器人是在2009年，那时他被选派到一家日本企业学习焊接机的使用。当他第一次目睹焊接机器人灵活自如的操作时，他立刻明白，这正是他一直在寻找的那个突破口——这不是单纯的机器替换人力，而是一场革命。焊接机器人的每一次移动，都像是精准的舞蹈，既快速又稳定。它不受身体状况、情绪等因素的影响，始终如一地保证高质量的产出。

机器人焊接的灵活性和精湛技术让廖国锋惊叹不已。他仔细观察，发现机器人几乎可以从任何角度进行焊接，无论是狭

⊙ 廖国锋在工作现场

小的空间还是刁钻的位置，它都能轻松应对，极大地拓宽了生产技术的边界。这不仅大大提高了焊接效率，而且保证了焊接的质量，让产品的稳定性和精度得到了显著提升。这种精度让他想起了车间内那些多年磨砺出来的老技工——但机器人能够连续工作，有人工无法相比的优势，这才是真正的技术飞跃。

廖国锋想，这样的技术如果能够引入柳工，必将带动整个企业的技术升级和产能提升。于是，他开始积极了解焊接机器人的技术细节、成本效益以及市场前景。随着科技的不断进步，自动化和智能化生产成为全球制造业的发展趋势。他很快意识到，焊接机器人的普及已不再是遥远的未来，而是当前迫切需要的技术更新。当时，已有越来越多的企业开始重视自动化和智能化生产。焊接机器人的市场需求越来越大，而且技术也在不断完善和升级。廖国锋认为，这是一个不可错过的机会。

廖国锋思考后向柳工的领导提出："我们必须引进焊接机器人来提高生产效率，机器人操作简单，维护方便，而且能够大幅提高生产效率。"

领导们纷纷表示赞同："听起来不错，那我们该如何培训员工使用这些机器人呢？"

廖国锋说道："不用担心，我会和他们沟通具体细节，最后确保咱们每个人都能够熟练使用这些机器人。"

"技术创新不仅仅是设备更新，更是公司文化的延续，是我们走上更高平台的必经之路。"廖国锋知道，柳工的企业文化一贯重视技术创新与质量提升，而这也是他不断推动技术革新的动力来源。

从日本企业学成归来的廖国锋回到天津后，心里一直琢磨着如何深入研究和掌握焊接机器人的技术。"焊接机器人代表未来制造业的技术趋势，掌握这项技术，不仅能提升自己，也能推动公司在智能化生产道路上走得更远。"廖国锋心中充满了对这项新技术的渴望和好奇，他知道，只有将其掌握，才能在技术革新的浪潮中立于不败之地。他决定找业界资深工程师李荣军聊聊，希望能从他那里学到一些宝贵的经验。

"李工，我最近对焊接机器人很感兴趣，您能给我一些指导吗？"廖国锋诚恳地问道。

李荣军笑了笑，拍了拍他的肩膀说："当然可以，焊接机器人技术虽然复杂，但只要你肯下功夫，一定能掌握所有要领。你想了解哪方面的知识？"

"我想了解一下焊接机器人的理论知识。"廖国锋诚恳地回答道。他心中早已为自己制订了学习计划，准备通过大量的学习与实践，由浅入深，一步步掌握焊接机器人的核心技术。

"没问题，我先给你讲讲工作原理吧。焊接机器人主要是通过传感器和控制系统来实现精确焊接的。传感器负责检测焊缝位置和焊接参数，控制系统则根据传感器反馈的信息来调整机器人的运动轨迹和焊接参数……"李荣军耐心地解释道。

廖国锋听得津津有味，不时地点头表示理解。他又问道："那么操作技巧方面，您有什么建议吗？"

李荣军思索了一下说："操作焊接机器人需要一定的实践经验积累。首先你要熟悉机器人的操作界面和指令语言，然后通过不断的实践来提高操作精度和焊接质量。另外，要注意安全问题，遵守操作规程，确保人身安全。"

廖国锋听后受益匪浅，他感激地说："谢谢您的指导，我会认真学习并实践的。"

"学无止境，焊接机器人的操作技术虽然复杂，但一旦掌握了它，就能大大提高工作效率，减少操作失误。"廖国锋心中更加坚定了学习的决心。从那以后，廖国锋在业余时间努力学习焊接机器人的相关知识，不断进行实践操作。在李荣军的帮助下，他的技术水平逐渐提高。

除了向同事请教外，廖国锋还积极地从书本中寻找答案。他购买了大量关于焊接机器人技术的专业书籍，每天利用业余时间认真阅读，不断充实自己的知识储备。《机器人理论操作》这本书被他翻阅了无数次，里面的程序代码他都了如指掌。"阅读这本书后，我发现机器人操作并不复杂，关键在于如何根据实际的生产需求来编写合理的程序。"他了解到，焊接机器人的稳定性是人工无法比拟的：人可能会因为疲劳或者注意力不集中而出现操作失误，但设定好程序的机器人却能持续准确地执行任务，24小时不停歇。

天津柳工引入焊接机器人后，产品的质量得到了显著提升。以前，前中梁开裂的问题几乎每月都会发生，但自从引入机器人焊接后，通过修改设计和编程，开裂问题完全得到了解决。客户对生产的产品也给予了高度评价。"我们不仅解决了在焊接过程中常见的质量问题，还提高了生产效率。"此外，焊接机器人的全面投入使用也是柳工集团升级成为智能化、自动化"灯塔工厂"的重要一步。随着生产线的不断升级，生产效率得到了大幅提高。

"每一项技术的突破，都是企业发展向前迈出的坚实步伐。"廖国锋深知，技术创新是推动柳工持续发展的核心动力，而他与团队成员的每一份努力，都是推动企业走向智能化生产的一步。廖国锋发现，解决机器人的操作问题最关键最核心的步骤是编写程序。通过参考编程书籍和不断尝试，他们解决了许多原本无法处理的问题。廖国锋投入大量的时间和精力学习焊接理论，并在车间苦练焊接技能。

廖国锋将班组成员反映的公司CLG835和CLG825动臂20毫米堆焊质量难题作为攻克的突破口，他组织班组成员开展讨论活动，共同分享成果。他尝试了不同的堆焊方法，最终发现以月牙形运条方法配以焊枪的前后摆动，能够适当增加单层的焊接厚度，然后改变每一层的焊接角度，从而获得平滑过渡的焊缝，并有效避免大焊缝容易导致的单边和内凹的现象出现。通过这一工艺改进，动臂焊接时间由原来的120分钟减少到90分钟，使该产品的加工效率提高了20%以上，合格率达到99%。廖国锋还自学了焊接工装设计和复杂焊接工艺编程，而且在实践中不断创新，开发出许多新的焊接技巧和方法。这些技巧和方法不仅提高了焊接效率，也保证了焊接质量。

除了机器人焊接技术外，廖国锋还不断探索和研究其他先进的焊接技术和方法。他清楚，在这个日新月异的时代，唯有不断学习，方能不被时代所淘汰。因此，他通过自学和参加各种培训课程，如饥似渴地吸收着新知识，不断提高自己的技能水平。每当夜深人静之时，总能看到他伏案苦读的身影，他或是仔细研究着最新的焊接技术资料，或是反复演练着新学的焊接手法。廖国锋明白，知识是无边无际的大海，而他是那艘永远向前航行的船。因此，他从未停止过自我学习和提升的脚步。无论是自学最新的焊接技术文献，还是积极参加各种专业培训课程，或者是向行业内的前辈和专家请教，他都始终保持着开放和进取的心态，如一块海绵般不断吸收着周围的养分。他对待焊接工作一丝不苟，每个步骤都力求完美无瑕。正是这份对技术的执着和热爱，让他在焊接领域里不断取得新突破。

由于装载机产品比人高得多，廖国锋在进行焊接作业时需要站在凳子上。为了提高工作效率，他创新了两种方法，其中一种是"虎口持焊法"。这种方法适用于有一定高度的焊缝，不仅省去了搬动凳子的时间，而且使焊接效果更加平整，保证了产品质量。另一种名为"双手持枪背焊法"的焊接方法，能够一次性完成塔子类圆形环缝的焊接，这种方法可以显著减少焊接接头和残余应力，提高熔敷质量。廖国锋凭借他的焊接"绝招"，使产品生产效率提高了10%以上，并在其所在班组广泛应用，使得该班组的焊接能力在全公司首屈一指。

　　然而，廖国锋并未停止前行的脚步。他深知，一个人的力量是有限的，而团队的力量是无穷的。因此，他不仅在技术上追求卓越，更是在团队合作和交流方面下足了功夫。他积极参与公司内部的培训和交流活动，与其他的焊接师傅们分享自己的经验和技巧。他的分享不仅提高了团队的技能水平，更增强了团队的凝聚力和向心力。

　　廖国锋的焊接技术，可以说是他的"绝招"。他能够迅速、准确地完成各种高难度的焊接任务，无论是厚实的金属板，还是精细的冷轧薄板，他都能轻松应对，不仅大幅提高了生产效率，而且保证了产品的质量。他就像是车间里的一根"定海神针"，同事们对他充满了敬佩与信任。廖国锋从不满足现状。他深知，在这个日新月异的时代，技术是推动企业不断前进的不竭动力。于是，在繁忙的工作之余，他总是抽出时间，一头扎进技术书籍和最新的科研报告中，不断汲取新知识，力求让自己的技艺更上一层楼。通过不断的学习钻研，廖国锋开始着手对现有的焊接技术进行改进，他成功地降低了焊工们的劳动强度，让原本繁重的工作变得轻松。在多年的工作实践中，廖国锋始终坚持对技术的热爱和追求。

在当今这个技术飞速发展的时代，技术是企业发展的重要支撑，而不断创新则是企业持续发展的动力。正是因为他始终坚持以人为本、不断创新，才得以脱颖而出，取得了今天的成绩。这不仅是他个人的荣耀，更是对整个行业的贡献。

第五章　潜心学习修技术
桃李芬芳美名扬

扫码解锁

◉群英颂歌 ◉焊匠传奇
◉创新焊艺 ◉奋斗底色

春风化雨传匠心

2013年，柳工以廖国锋的名字成立了"廖国锋（劳模）创新工作室"，这不仅是一座具有纪念意义的里程碑，更是一次对技术、创新和合作的深度探索。廖国锋工作室不仅是一个技术交流的平台，更是一座连接一线工人和白领工程师的桥梁，它让两者在共同的目标和愿景下，携手共进，共同发展。从廖国锋工作室成立之初，它就承载了太多的期望和责任。作为柳工的一分子，廖国锋深知自己肩负的重任。他和团队成员不仅要致力于技术创新，提高装载机公司的核心竞争力，还要在实践中培养更多的技术人才，传承劳模精神。

韦文智，一个"80后"年轻人。他自从加入公司从事焊接工作以来，就与焊接结下了不解之缘。他骨子里透着一股犟劲儿，坚毅而刚强。他潜心跟廖国锋学习焊接技能，逐渐成为先进员工、"改善之星"和优秀文明员工。在装载机公司焊工比武大赛准备工作中，他晚上在工友们都下班后还在反复操作，不断地摸索摆枪位置和焊接参数，争取找到最佳点。第二天，他会把前一天不懂的问题带到现场向廖国锋请教。他的学习资料摞起来足有一尺多高。无论是平焊、立焊、横焊还是仰焊，他一项一项地学；无论是站姿、仰姿、蹲姿还是趴姿，他一招一式地练。火花打在身上，留下了大大小小的疤痕，但他从不叫苦喊累。他坚信不管做什么，都要踏踏实实，一步一个脚印，有付出才有回报。

凭着这股韧劲儿，韦文智在装载机公司焊工比武大赛中夺冠，在柳工集团焊工比武大赛中也名列前茅。现在他所带的班组更是获得了"柳州市工人先锋号"的荣誉称号，可见他的技术已经达到了一定的水准。现在焊接难度大的工件都是他的"菜"，比如目前最大的CLG8128H装载机的结构件都是他一手焊接完成的。作为新一代工匠，他已崭露头角。

龙再富是一个"90后"小伙子，身材高大，眉清目秀，看起来十分阳光帅气。他一直都是廖国锋的重点关注对象，龙再富拥有成为焊接机器人专家的潜质。

"龙再富，你过来一下。"廖国锋在车间里喊住了他。

龙再富走过去，他看到廖国锋正在操作一台前车架焊接机器人。

"你看，这台机器人的编程有问题，一直无法完成焊接工作。"廖国锋说。

龙再富仔细观察了机器人，然后开始进行调试。他的手法熟练，神情专注，很快就找到了问题所在，并进行了修复。

"太棒了！进步非常大！"廖国锋高兴地拍了拍龙再富的肩膀。

在那一刻，廖国锋内心无比欣慰，他看到了龙再富背后那股潜藏的力量。这种力量不仅仅是技术上的，更通过解决问题时的沉着冷静表现出来。廖国锋知道，龙再富的成长已经超出了自己的预期，这也是他作为一名导师最大的成就。

龙再富谦虚地笑了笑："这都是您教得好。"

经过几年的努力，龙再富已经成为前车架焊接机器人的专家。他不仅能够进行各种机型的前车架焊接编程、参数修改、机器人调试、设备维修保养及焊接操作培训，而且还能够轻松解决一些连机器人生产厂家都无法有效解决的疑难杂症。

"龙再富，你是怎么做到的？"有人问。

龙再富淡淡地说："没什么，就是不断地学习、实践、总结，跟我师傅一样。"现在，龙再富已经成为公司的技术骨干，他的成长经历充分说明员工在精英班和工作室的培训下，能够快速成长并胜任重要岗位的工作。廖国锋常常在车间走来走去，看到每个工人专注的神情，他的心里有一种莫名的踏实感。虽然工作室的创新工作做得越来越好，但是他知道，成绩并不是最终的目标，不断学习和传承的动力才是。每一个难点的攻破、每一次创新，都是推动他们达成目标的一个动力。

"再富，你刚进公司的时候，可没想到你现在能独当一面吧？"

"确实没有，师傅。但我相信'勤能补拙'，只要下功夫，没有做不成的事。"

"我当初也是看中你的这股劲儿。前车架焊接机器人这活儿复杂得很，你能做到现在这样，确实不易。"

"多亏了师傅的悉心指导。您教给我的不仅仅是技术，更多的是对待工作的态度和方法。"龙再富打从心底里感谢廖国锋。

"那你现在对于这些机器人，可以说是了如指掌了吧？"廖国锋问道。

"是的，师傅。从编程、参数修改、调试到维修保养，我都能够独立完成了。即使出现新的疑难杂症，我也能找到解决办法。"龙再富自豪地说。

"那你接下来有什么打算？"廖国锋关心的是徒弟未来的发展。

"我希望能够进一步深入研究，不局限于解决问题，还要探索如何预防问题的出现。让这些机器人更加精准、高效地为我们工作。"

"很好，年轻人有冲劲儿是好事。我相信你未来会有更大的发展。"廖国锋十分欣慰。他知道，这个徒弟将来肯定错不了。

"谢谢师傅的鼓励和支持，我会继续努力，不辜负您的期望。"

廖国锋曾对龙再富说过："我不管、不听什么原因，我每天都要见到你在工作室进行国赛项目练习。只有多练，把所有问题都遇到了、解决了，才有可能战胜其他对手。"

在廖国锋的指导和带领下，龙再富利用业余时间不断参加各级的比赛，先后获得柳州市职工职业技能大赛焊工组第一名、广西壮族自治区职工职业技能大赛焊工组第四名、柳工"新时代百名青年标兵"等奖项及荣誉。他的成功不仅源于自己的努力和实力，更得益于廖国锋的严格指导和要求。

在徒弟龙再富眼中，"廖老师对于我而言，亦师亦友，他对我有知遇之恩，也经常带我们去参加比赛，像'柳工焊工技能大赛'以及焊接的省赛、全国赛等。对于我们提的问题，他真的能做到有问必答，是一个很好的师傅。廖老师在父亲生病期间，照顾完他父亲之后，立马又回到办公室给我们答疑解惑，真的很让我们感动。休息之余，他也会经常找我们小聚，聊一聊人生和理想。"

廖国锋从不将自己的付出挂在嘴上，他更愿意做幕后推动者。在每次徒弟们获得成功后，他的微笑和肯定，才让徒弟们最高兴。在他心中，传承与教育的意义远远超过了荣誉与奖杯。

廖国锋对待徒弟们的要求总是很高，他常说："要比别人优秀就要比别人付出更多的努力，你们留下来加班练习，我也会和你们一起练习。"他的这种精神，影响了许多的装载机人。柳工为廖国锋配备了办公室，但他除了在电脑上绘图，其他时间都在生产现场，继续做一名普通焊工的工作。

有时，廖国锋心中隐隐有一丝的忧虑。虽然他深知技术的更新换代是必然趋势，但他更明白，在新技术的海洋中坚持实践的重要性。他深知，技术的发展不只是机器的升级换代，更是一代又一代工匠与技术人员不懈的传承。

匠心传承共未来

从2013年到2015年，廖国锋带领他的团队，日夜奋战在研发一线。他们不断尝试、不断探索，力求在技术上取得突破。在廖国锋的带领下，团队成员们紧密合作，共同攻克了一个又一个技术难题，为公司的产品研发注入了新的活力。这些项目不仅解决了公司面临的各种工艺和质量问题，还为公司节约了大量成本，创造了可观的经济价值。其中，"装载机前车架焊接工装优化"和"动臂搭子焊接工艺优化"两个项目分别获得广西壮族自治区优秀工艺工装评选的二等奖和三等奖。这两个项目都是由一线工人主导的项目，充分证明了廖国锋及其团队的技术实力。

为了提升柳工产品制造的整体实力，廖国锋还多次接受公司的委托，以工人焊接专家的身份前往柳工位于天津、江阴、镇江等地的子公司，为那里的员工进行培训和提供技术支持。

⊙ 廖国锋在工作现场

他的经验和技能不仅为公司的发展作出了贡献，也帮助年轻工人和技术人员成长和提高。

2013年9月9日下午，在柳工装载机事业部大型机厂结构车间里，廖国锋站在两名"90后"徒弟面前，眼神坚定，他正在带领他们学习操作焊接机器人。操作机器人是一项复杂的任务，非常考验技术，需要操作者精准的判断和敏捷的反应。每一个焊点都关乎产品的总体质量，因此，他们必须全力以赴，做到最好。

廖国锋细心地讲解着每一个步骤，从机械臂的控制到焊点的定位，他都一一指导。两名徒弟认真地听着，不时点头表示理解。他们知道，这次学习机会来之不易，是师父对他们的信任和期望。随着时间的推移，两名徒弟逐渐掌握了焊接机器人的操作技巧。他们操作机械臂在零部件上灵活地移动，准确地寻找焊点——每一次成功的焊接都让他们信心倍增。廖国锋看着他们成长，心中满是欣慰。他知道，这些年轻的徒弟将会成为柳工装载机事业部的中坚力量，他们将传承师傅的技艺，不断探索创新，为公司的未来发展贡献自己的力量。

助理工程师麦鲜杏是廖国锋的一名"大学生徒弟"。在工作室的培训和实践过程中，他不仅学会了基本的焊接技术，还对生产流程和工艺有了更深入的了解。这使他能够更好地与一线工人沟通，理解他们的需求并提供有效的技术支持。这个毕业于西南交通大学的小伙子，常常跟随廖国锋深入车间现场，用他自己的话来说，就是"走现场"。这个习惯让他受益匪浅。

有一次，他发现在车架上有一块需要两端焊接的钢板，焊接后可能会缩短2毫米。这看似微不足道的2毫米，在生产中却是一个很大的工艺误差。通过"走现场"，他了解实际情况后，将钢板的工艺尺寸放宽了2—3毫米，这样焊接后的尺寸就完全符合标准了。

截至2013年，廖国锋培训过的学徒已经超过500人，这一成绩倾注了他对技艺传承的执着与热情，也饱含着他对于培养新一代技能人才的深切期望。随着工作室的正式成立，这个数字仍在不断攀升，预示着更多有志青年将在他的指导下，走上技能成才的道路，为社会贡献自己的力量。廖国锋个人通过革新工艺、创新方式，为企业创造的效益超过了10万元，这不仅是对他专业技能的肯定，更是他勇于创新、敢于实践精神的价值体现。他深知，在快速变化的市场环境中，唯有不断寻求突破，才能保持竞争力，为企业带来可持续发展的动力。工作室作为技能传承与创新的重要平台，汇聚技能专家10人、技术专家7人，他们各有所长，共同组成了一个强大而多元的技术团队。在这个团队中，知识与经验得以高效互补，创新思维得以猛烈碰撞，为解决各种技术难题提供了强有力的支持。作为导师，廖国锋自工作室成立以来，更是以身作则，带领团队攻克了一个又一个技术难关，完成了20多个具有重大影响的技术攻关项目。这些项目不仅解决了企业在生产过程中遇到的瓶颈问题，还为企业带来了显著的社会效益和经济效益。廖国锋及其团队的努力也得到了社会各界的广泛认可，他们先后荣获各种奖项近10项，这些荣誉不仅是对他们辛勤付出的最好回报，也是对工作室整体实力的高度肯定。

廖国锋一直以来的培训理念就是："真正的技能和知识，并非只停留在书本上，而是需要在实际操作中不断打磨和提升，也就是'蓝加白'培训模式，就是将蓝色理论与白色技能相结合。蓝色理论是我们的基础知识，白色技能则是我们的实操能力。只有将二者完美结合，才能成为一名优秀的技工。"廖国锋一直在车间现场进行"走现场"教学。他每走到一个工作台前，都与学徒们深入交流，了解他们在操作中遇到的问题，并给予指导。他总是鼓励学徒们要敢于尝试，不怕失败，只有不断实践才能真正成长。他通过一线工作中的具体问题来引导学员们思考，帮助他们理解并解决实际问题。通过这种教学方式，他不仅传授了技术，而且培养了学员们独立思考和解决问题的能力。

一名学徒感慨道："廖老师的培训方式真的很特别，他不仅教我们理论知识，还注重我们的实际操作。通过这样的培训，我真正学会了如何将所学知识运用到实践中，也感觉自己成长了很多。"

廖国锋则笑着说："我始终相信，真正的技能和知识来源于实践。我希望我的学徒们都能够通过培训，真正掌握一门技能，为未来的职业生涯打下坚实的基础。"正是廖国锋的这种独特培训方式，使得他的学徒们在各自的岗位上都能够快速成长，并成为生产一线的佼佼者。

从技术人员到现场的操作工都是他的培训对象，培训计划从新员工培训、大学生培训、产品供应方质量提升培训，到技能比武培训都有涉及。课程内容涵盖焊接技术基础知识、焊接操作技能、焊接机器人操作培训、焊接机器人维护培训、焊接件质量问题反馈梳理等。

在培训的过程中，他也陆续培养出许多新的技能大师和工程师，他们最终也成为工作室的授课人员。新的焊工或者工程师入职之后，都会到工作室进行焊接技能的学习。首先学习的是焊接技术基础理论知识，然后才学习手工焊接的操作技能，在这里廖国锋将自己的多年焊接心得倾囊相授。

对于新入职的员工来说，焊接工作充满各种挑战，遇到这样那样的焊接困难在所难免。为了帮助大家尽可能少地犯错误，少走弯路，廖国锋总是亲自示范，手把手教学。廖国锋在培训中一直秉持着高标准、严要求，他深知焊接水平的提高不是一蹴而就的，需要不断努力和实践。因此，对于那些焊接水平始终不达标或者不认真学习的学员，廖国锋会毫不留情地进行批评，以激励大家更加努力地学习。

当然，廖国锋也是一位非常爱才的老师。他深知每个学员都有自己的潜力和优点，只有给予足够的支持和鼓励，才能够激发出他们的最大潜能。因此，对于那些基础扎实、态度端正的学员，廖国锋总是赞不绝口，给予他们充分的肯定和鼓励。这样，每一个到工作室学习的员工，都受益匪浅。工作室还会经常组织一线员工及技术人员，进行焊接机器人的操作和维护保养培训。让传统的一线工人在工厂自动化和智能化的发展进程中能够快速地适应。这样的培训不仅提升了员工的技术能力，也推动了公司的整体发展。

廖国锋的工作室就像一个熔炉，不断燃烧着他的激情和才华，激发了员工们的学习热情和前进动力。在这个工作室里，每一个人都能感受到廖国锋的严谨与真诚，也能看到他对技术的执着与热爱。这样的工作室不仅为团队提供了强大的技术支持，也为公司的发展注入了新的活力。

通过廖国锋的不断努力，他的工作室为柳工提供了坚实的技术支持。工作室中的每一位学员都能在廖国锋的引领下，提升自我、贡献力量，为柳工未来的技术突破和发展作出积极的贡献。今天，廖国锋已经成为柳工乃至整个行业的技术领军人物之一。他通过自己多年的辛勤耕耘，将技术的火种传递给无数的年轻学员，也为公司的长远发展打下了坚实的基础。他凭借自己的教学理念、创新精神、严谨态度，不仅为柳工作出了卓越贡献，也为整个焊接行业的技术革新和人才培养作出了好的示范。

每当回顾自己这一路走来的历程时，廖国锋总是谦虚地说："技术的创新和人才的培养，需要团队的力量和持续的努力。"他始终坚信，个人的成就离不开团队的支持，只有大家齐心协力，才能共同推动技术的发展和创新。他的无私奉献和对学员们的深情厚谊，也使得他在柳工和行业内赢得了极高的声誉。

第六章　劳模工作创新高
技术攻关质量强

扫码解锁

◉群英颂歌 ◉焊匠传奇
◉创新焊艺 ◉奋斗底色

深入一线解难题

柳工为廖国锋提供了一个宽敞明亮的办公室，配备了电脑设备，让他可以在这里专心进行工装设计。然而，廖国锋却将大部分时间都花在生产现场，与一线工人并肩作战，亲自动手进行焊接作业。他说："只有在现场，我才能真正发现问题，也只有在现场，我才能找到解决问题的方法。"每当他站在焊接工位上，看到工人们忙碌的身影，他内心深处便会涌上一股强烈的责任感——自己不仅是技术的带头人，还是团队的支柱，他的每一步都影响着整个项目的进度。因此，廖国锋总是选择深入生产一线，去解决那些潜在的隐患与问题。

随着科技的飞速发展，焊接技术日新月异。廖国锋在进行工装设计时，遇到了新的瓶颈，那就是在使用电脑进行工装设计时不够熟练。为了帮助廖国锋突破这一难关，柳工启动了"高级技师结对子"活动。这个活动的目的是让那些掌握新技术但缺乏实践经验的高级工程师与那些实践经验丰富但新技术基础薄弱的高级技能专家结成对子，互相学习，互相补充。在活动中，廖国锋虚心求教，认真聆听互学搭档李工的讲解和操作演示，不时地记下关键点。廖国锋的全身心投入，既是对自己技能的自我突破，也是对团队发展的推动。在与李工学习的过程中，廖国锋像一个渴求知识的学生，在每一次讨论和实践演示中认真聆听，细心记录。每当学到一些新的知识，他总是迫不及待地将其应用到实际工作中，优化生产流程、提升焊接质量。

经过几次交流学习，廖国锋高兴地说："我真的学到了很多新的知识！我要将这些知识运用到实践中去，提高我们的生产效率。"那一刻，廖国锋的心中充满了喜悦与自豪。通过这段学习，他不仅突破了自己的瓶颈，还带回了大量的可行性改进方案，使得工作室和生产车间的工作效率有了显著提升。

2014年，柳工与河北唐山开元机器人公司取得联系，计划安排一批焊接机器人操作工前去培训。廖国锋得知消息后，主动提出参加这次培训。他希望通过这次培训，更好地了解和掌握焊接机器人的操作技能，以便在未来的工作中更好地运用这些技能，从而提高生产效率和产品质量。这一决定，廖国锋具有明确的目标——不断拓宽自己的技术视野，在激烈的市场竞争中占据一席之地。

厂里的负责人疑惑地问："你的焊接水平已经这么高，还需要去培训吗？"廖国锋回答："学习没有止境，听说这次培训有新技术，不去我会心痒的。"他的语调平静，却掩盖不住内心的渴望。在他看来，技术永远是前进道路上最坚实的基石，只有不断学习、不断进步，才能够应对未来不断变化的挑战。在培训期间，廖国锋担任了带队组长，他要求组员每天提前到教室，做好复习和预习。每天的授课结束后，他会组织组员进行讨论。在为期20天的培训中，他们系统地学习了焊接机器人的工作原理、传感功能的扩展应用、深层次功能的应用开发、维修保养及报警分级故障排除等专业知识，参加了实际操作训练，获得了焊接培训结业证书。

技改创新提效率

结束唐山培训回到柳工后，廖国锋主持了一个重要的项目——"装载机结构件程序优化"。在这个项目中，他对装载机结构件的程序和焊接工艺进行了优化。通过改变前后车架的程序步骤和焊接工艺参数，他成功地减少了每个产品的空走步骤420多步。每当他看到优化后的生产线顺畅运行，心中便会涌上一股自豪感。这种优化不仅提高了生产效率，还减少了能耗，降低了生产成本，真正实现了技术上的突破和经济效益的提升。此外，他还通过试验找到了最佳的焊接工艺参数和焊接变形控制手段。使用防变形辅具后，前后车架的变形量被控制在2mm以内，为下个流程的机加工生产创造了便利。他还规范了两联或者三联交接焊缝的处理方式，使机器人焊时连弧过渡，提高了焊缝强度和外观质量。通过这个项目的开展，前车架以30d0637型号为例，生产效率得到了显著提高，原焊接时间需要174分钟，经过优化后，焊接时间减少至122分钟，效率提高了近30%。在能源消耗方面，优化前需要消耗$6m^3$的保护气体，但是优化后只需要消耗$5m^3$的保护气体，节约了16.6%的能源消耗。同时，焊达率也从原来的71%提升到了78%，提高了7个百分点，为柳工带来了巨大的经济效益。以30d1950型号装载机的后车架焊接为例，优化前的焊接时间为243分钟，优化后只需要206分钟，缩短了近40分钟。虽然焊达率略有下降，从76%降至75%，但是这并不影响整体效率的提升。此外，能源消耗也从$7m^3$降至$6m^3$，节约了14.3%的能源消耗。这些优化不仅使每台装载机节约生产成本144.34元，而且仅在大型机厂每年就可以产生近30万元的经济效益。

2014年，廖国锋主持和参与的"装载机前车架焊接工装优化""动臂搭子焊接工艺优化""大型装载机后车架焊接机器人系统应用"三个制造技术项目分别获得了广西壮族自治区优秀工艺、工装二、三等奖。廖国锋积极参与公司的现场质量、效率、成本、5S改进等多个方面的工作，全年完成50项改进任务，创造效益8万多元。同时，他多次荣获装载机和大型机厂"改善之星"的称号。

在完成日常工作的同时，廖国锋主要负责50-80系列装载机前、后、动三大件的焊接程序编写工作。令人钦佩的是，他全年完成了20多种产品的焊接程序编写和完善优化工作。他的高效和专注确保了没有一起因他的个人原因造成生产延误的事故发生，这在一定程度上克服了因焊接人员不足造成的生产困难。此外他还继续致力于50H、60G产品结构件的设计及制造过程的改进工作，并提出合理化建议20多项。他提出的设计和工艺方案多数被采纳，极大地降低了制造成本并提高了生产效率。2014年，廖国锋针对新焊接操作员工、新入职大学生以及工艺技术人员开展了丰富多彩的培训活动，总计有200多人次参与。值得一提的是，那年廖国锋分两次对公司的研发系统和工艺系统的工程技术人员在焊接知识理论和实践方面进行了培训，大大地提高了设计和工艺人员与现场的结合能力，并实现了良性互动。

廖国锋坚信，无论做什么事情，勤奋都是非常必要的。他强调："班组长虽然是'兵头将尾'，但更应该体现'兵头'的作风。"作为一个基层的团队领导者，他深知团队的战斗力与领导的作风息息相关。他常常在心里告诫自己，若不率先垂范，如何要求别人做到最好？他深知，班组长不仅是一个管理者，更是团队的精神领袖，是每一名员工的榜样。他时常感叹："责任是沉甸甸的，但这正是让我能够成长的动力。"这种责任感让他始终如一地坚守在技术一线，日复一日，默默奉献。在他的带领下，团队成员们也纷纷效仿，不断努力提高自己的技能水平。这种积极向上的氛围使得整个团队在技能提升方面取得了显著的成效，为制造出更优质的产品打下了坚实的基础。他的亲力亲为不仅是工作的需要，更是一种无言的付出。每当团队遇到问题时，廖国锋总是第一个提出解决方案，带领大家共同攻克难关。对于他而言，团队的每一名成员都像是一块不可或缺的拼图，只有每个人都发挥出最大的潜力，才能实现整个团队的目标。

他虽然技术超群、知识深厚，但他依旧不断地充实自己的知识和技能。在试制推土机后桥箱时，箱体漏油成为一大难题，多人多次尝试填补技术漏洞但始终无果。廖国锋并没有因此而放弃，反而以此为契机，不断地学习和研究。他开始了更为深入的学习和实践。他阅读了大量的专业书籍，参加了各种技术研讨会，与同行们深入交流，取长补短。他甚至自费参加国际技术培训，学习全球最前沿的焊接技术知识。在这些技术交流中，廖国锋无数次被深深触动，"世界上没有捷径，只有不断钻研与创新"。每一次学习，都让他离解

⊙ 廖国锋进行焊接质量检查

决问题更近一步。

他的努力并没有白费。经过无数次的现场实践验证，廖国锋发现了箱体倒沉口、改变坡口宽度和角度的方法，并采用了蚂蚁搬家式的策略，每天看一点儿、记一点儿、练一点儿，不分昼夜、日夜奋战。最终，他成功地试制了3台推土机后桥箱，并通过了试漏、试压检测。小批量生产验证后，这些后桥箱被交付给天津柳工工厂正式投入生产。

在廖国锋的引领下，柳工的焊接团队不断取得突破，解决了一个又一个曾经困扰公司已久的技术难题。廖国锋的名字在公司内部传开，成为众人敬仰的"技术大神"。然而，他并没有因此而骄傲自满。他深知，要想在激烈的市场竞争中立于不败之地，就必须不断学习新技术、提高生产效率。因此，他不仅自己勤奋学习，还带领团队成员一起探索新的工艺和方法。他始终认为，作为领导者，最重要的是帮助团队成员成长。每当有新人加入，他都会耐心地传授经验，手把手地教，确保每一个新加入的成员都能尽快适应工作，发挥出自己的技术特长。

在廖国锋的带领下，柳工的焊接团队逐渐壮大，成为行业内的一支劲旅。他们不断攻克技术难关，提高产品质量和生产效率，为柳工的发展作出了巨大贡献。他的故事也激励着每一位员工不断学习、进取，为企业的持续发展贡献自己的力量。

"团队的进步是我最大的骄傲。"廖国锋常常这样说。在他看来，个人的成功不过是一个瞬间，而团队的成功则是持续的。经过不断学习、不断努力，柳工焊接团队逐渐成为行业的翘楚，他们的技术水平和生产效率也成为行业的标杆。

廖国锋的故事不仅是一个技术突破的故事，更是一个坚持与奋斗的故事。他用自己的奋斗证明了："勤奋不一定能一夜成名，但它可以让你走得更远。"他让每一个身边的人都看到了奋斗的力量，明白了坚持不懈的真正意义。

第七章 技术攻关深磨砺
内容创新见真章

扫码解锁

◉群英颂歌 ◉焊匠传奇
◉创新焊艺 ◉奋斗底色

技术攻关展实力

廖国锋，这位从普通工人蜕变而成的技术专家，始终将自己对技术的热爱，融入每一个项目、每一次攻坚中。每当回想起自己走过的那些岁月，他总是笑着说："那是一条没有尽头的路，一路走，一路修，心里不止一次激荡着'再难，也要走下去'的心潮。"

2014年，柳工装载机事业部迎来了一个巨大的挑战——"降低装载机结构件的外反馈率"项目启动。这个项目，关系到整个装载机的质量稳定与生产成本，备受公司高层重视。而在这个大项目中，廖国锋作为子项目"动臂横梁设计及工艺优化"的负责人，肩负着极为关键的责任。

那个时候，阳光透过车间的窗户洒进来，映照在设备金属表面。伴随着车间里焊接机的轰鸣声，工人们忙碌的身影不断闪现。然而，在那方熟悉的钢铁世界中，廖国锋的心情却并不轻松。动臂横梁的拼搭和焊接工艺一直是制约着装载机生产的因素，每一次焊接都像是一场没有硝烟的战斗。特别是对手工焊接的精度和稳定性的要求，让生产线上的工人们压力很大。

廖国锋在回忆当时的情景时说："那时，每一次焊接试验，都像是在悬崖边行走。没法后退，只能前进。"多次试验失败后，廖国锋和团队成员并未气馁，他们抛去固有的一切，从零开始，推翻以往全部的做法，尝试引进自动化焊接技术，最后解决了焊接工艺中的各种问题。

"那一刻，机器人第一次精准地完成了焊接任务，所有人都沸腾了，仿佛之前所有的努力和失落都成为通往成功的阶梯。"廖国锋说，他站在那台焊接机器旁，看着原本杂乱的车间逐步被自动化设备替代，内心的成就感无以言表。

这项技术引进不仅解决了外反馈率过高的问题，每年还为公司减少了近百万元的外废损失。而这一切，也让广西柳工机械有限公司声名远播，"降低装载机结构件的外反馈率"项目，最终在柳工科技创新大会上荣获三等奖。

同年，另一个改变生产格局的技术突破正悄然进行。廖国锋再次披上了技术攻关的战袍，带领团队成员启动了"植焊螺钉焊接技术在装载机线束固定系统中的推广应用"项目。这一项目源自一次与同行业内其他企业的交流。在那次交流中，廖国锋看到了汽车行业使用植焊螺钉来固定线束的创新技术，他意识到，这一技术能够大幅度优化焊接工艺，如果运用在装载机生产上，将会大大提高生产效率。

最初，团队成员们对这一新技术的接受度并不高，尤其是如何将它应用到装载机生产线的具体情况上。工作车间内，金属焊接气味弥漫，工人们忙碌的身影充斥在每个角落。经过一系列试验与不断调整，植焊螺钉终于取代了以往圆钢的普通焊法，成功消除了许多安全隐患。而这一技术的推广，不仅提高了生产效率，降低了生产成本，还每年为公司节约了近90万元的能源消耗，最重要的是，保障了工人操作的安全。这一项目的成功实施，让廖国锋深刻体会到一个技术人员的使命感和责任感。

"当我看到第一台装载机的线路已经成功地使用了植焊螺钉，心里不禁涌起一股莫名的激动，"廖国锋回忆道，"这是一个看似简单却能让生产线焕然一新的突破。"

每当站在生产线上，看到一个个焊接件顺利完成，廖国锋总是默默感慨："这背后不仅仅是我的努力，还是整个团队、整个公司，甚至是千千万万个默默奉献的焊接工人的努力。"

他深知，任何技术突破的背后，往往藏着不为人知的辛酸与坚持。而正是这些突破，成就了他对技术的无尽追求。

无论是动臂横梁的设计与工艺优化，还是植焊螺钉焊接技术的推广应用，技术的突破都离不开廖国锋团队的协作和共同努力。廖国锋始终坚持一个理念——一个人的力量是有限的，但团队的力量是无穷的。在带领团队攻克技术难关时，廖国锋总是第一个冲在前面，他相信，只有通过合作、分享与互助，才能在复杂的生产环境中找到最佳的解决方案。

在每次项目执行过程中，车间总是弥漫着紧张的气氛。工人们忙碌的身影与机器轰鸣的声音混合在一起，成为工厂特有的"烟火气"。廖国锋深知，任何一个细节的疏忽，都会影响到产品的最终质量。"每次检查，都是一次心跳的过程。"他常说。无论是简单的焊接任务，还是复杂的设备调试，廖国锋总是细致入微，确保每一步工艺流程无误。

2016年，廖国锋迎来了另一个重大的挑战——"装载机公司焊接机器人搬迁及安装调试"项目。这个项目不仅仅是一次物理上的搬迁，更是一次技术的全面升级和转型。机器人设备的搬迁，需要精准的定位与安装，要确保不影响生产的连续性。

在搬迁过程中，廖国锋不仅要负责每台机器人的安全搬移，还要确保所有设备的安装和调试工作都能精准完成。这对于任何一个技术人员来说，都是一场巨大的考验。然而，廖国锋凭借多年的经验与敏锐的判断力，带领团队出色地完成了任务。新工厂的焊接机器人顺利投入使用后，生产效率和生产质量都没有受到负面影响，反而实现了快速提高。

随着时间的推移，廖国锋的项目经历愈加丰富。从"装载机动臂自动化生产线"到"正面吊车架试制"，从"供方焊接质量提升"到"动臂板圆搭机器人焊接"，每一项技术突破的背后，都是日复一日的实践、无数个不眠之夜的奋斗。每一次焊接、每一次优化，都是他在技术的道路上不断追求卓越的印证。

他始终坚信："只有不断学习、不断进步，才能永葆竞争力。"他的每一项创新，都是对自己技术能力的一次深刻锤炼。对于他而言，每一个新项目的开始都是一次重生。

2017年的一个清晨，一缕阳光透过车间的玻璃窗洒在崭新的自动化生产线上。廖国锋站在生产线旁，思考着这个由自治区国资委和公司联合启动并投资的"装载机动臂自动化生产线改造"项目，内心涌动着莫名的期待与压力。作为公司重点建设项目之一，该项目要求廖国锋和其团队不仅要提升生产效率，更要实现整个工艺流程的革新。

"这可不是一个简单的自动化改造。"廖国锋望着车间里密集排列的机器人，轻声说道。在他面前，五台精密的焊接机器人整齐排列，每一台都代表着最先进的工艺技术。这个项目不仅要在保证正常生产的同时完成改造，更要将原本分散在焊接区两侧的工作单元整合成一条高效的自动化生产线。

"以前的生产确实存在不少问题。"廖国锋站在原来的工作区，指着曾经四处奔走的叉车说道。在改造前，动臂焊接区分布在焊接区两侧，工作单元分散且相互独立，自动化程度低。工人们不得不在各个单元间来回奔波，大量依赖自行车和叉车进行物料运输，不仅生产效率低下，安全隐患也始终像一把悬在头顶的利剑。

改造工作紧锣密鼓地展开了。廖国锋带领团队专注于每一个细节的优化。令人欣慰的是，凭借着多年积累的技术实力，他们完全靠自己完成了五台高精设备的重新定位、安装和调试，这让廖国锋倍感自豪。

"每一次设备调试都是一场技术较量。"廖国锋站在控制台前，专注地盯着屏幕上的参数。新系统不仅要实现自动装夹、自动上下料和自动运输，还要确保焊接过程中产生的烟尘能被自动收集和处理。"必须确保每个环节都完美衔接，容不得半点儿马虎。"

终于，经过团队的不懈努力，一条真正现代化的自动化生产线展现在众人面前。原本需要人工搬运的工件，现在由自动物流系统精准输送；以往靠人工判断的焊接参数，如今由智能系统精确控制；就连空气中的焊接烟尘，也被先进的除尘装置及时处理。

"当看到第一件产品顺利下线时，所有的付出都值得了。"廖国锋露出欣慰的笑容。这条生产线不仅实现了50-80系列装载机动臂主焊缝的批量自动焊接，更带来了显著的经济效益。数据显示，装载机动臂自动化生产线的改造使生产效率提升了10.2%，年创造经济效益达28万元。但最令廖国锋欣慰的是，整个车间的工作环境得到了极大改善，工人们不再需要在危险的环境中穿梭奔波。

2017年秋天的一个傍晚，廖国锋站在生产线旁进行例行检查。夕阳的余晖透过车间的玻璃洒在设备上，映射出一片金黄。看着机器人流畅的运动轨迹，听着自动化设备运转的和谐声响，他不禁陷入沉思："技术创新永远没有终点，每一次进步都让我们离理想更近一些。这条生产线提高了生产效率，也为工人们创造了更安全、更人性化的工作环境。这才是技术进步最大的意义。"

对于廖国锋而言，2017年的每一天都在挑战中度过，但每一个挑战都让他收获成长。这条自动化生产线的成功改造，不仅是他个人技术生涯的一座里程碑，更是整个团队智慧的结晶。而这份成功带来的不仅是生产效率的提升，更是整个柳工集团对"以人为本"理念的坚守与实践。

生产管理显成效

2018年，廖国锋的工作重心逐渐转向更具挑战性的项目。一个意想不到的机遇，让他有机会参与正面吊车架的试制工作。虽然已是凌晨，廖国锋依然站在焊接车间的试制区，望着那些整齐堆放的特种钢材，手里翻看着详细的图纸。借着应急灯的微光，可以看到他紧锁的眉头下，眼中闪烁着熟悉的光芒——那是对新挑战的期待。

"正面吊不同于装载机，它对车架的结构要求更加严苛，每一个焊点都关系到整个结构的稳定性。"廖国锋一边轻抚着面前厚重的钢板，一边对旁边刚入职的年轻工程师说道。作为项目的工艺规划负责人，他深知车架试制的每一个环节都不容有失。车架的长度、宽度和高度都远超常规，这不仅给拼焊过程带来了前所未有的挑战，更考验着团队的协调能力。往日熟悉的焊接工艺，在这个特殊的项目面前，似乎都需要重新优化和改进。

初春的车间里弥漫着淡淡的金属味道，几台焊接机的蓝色电弧在暗处闪烁，仿佛夜空中的星星。廖国锋和工艺人员围在车间专门腾出的会议桌前，桌上铺开了几张巨大的设计图纸。"你们看这里，"他指着一处复杂的连接点说，"拼搭和焊接的顺序至关重要。我们必须严格控制点焊位置和焊接长度，否则变形量就会失控。"团队成员们认真记录着，时不时提出自己的想法。这种集思广益的讨论常常持续到深夜，直到团队的每个成员都对工艺流程了然于心。

工作中最令人头痛的是车架的翻转和吊装。面对一个重达11吨的庞然大物，在设备不够完善的条件下，每一次翻身都像是在走钢丝。"安全和质量从来都是相辅相成的。"廖国锋经常这样强调。他带领团队反复进行重心分析和应力计算，根据物理学原理，精确设计每一个吊装点的位置。最终，他们研发出了一套看似简单却十分实用的吊具组合，既确保了操作安全，又提高了工作效率。那段时间，廖国锋常常半夜惊醒，脑海中还在推演各种可能出现的问题和对应的解决方案。

"安全就是效率，这不是一句空话。"这是廖国锋常挂在嘴边的话，他总是用实际行动来诠释这句话的分量。在他的坚持下，每一次吊装都必须严格按照程序进行，从吊具的检查到人员的站位，每个细节都一丝不苟。有时工人们会抱怨程序太过烦琐，但看到廖国锋亲自示范、耐心解释的样子，大家都理解了他的良苦用心。夜幕降临时，他就像一位不知疲倦的守护者，常常独自在车间里检查当天焊接的成果，手电筒的光束在金属表面来回移动，飘浮的光斑在黑暗中格外显眼。

除了正面吊车架的试制外，廖国锋还致力于制造技术的创新。他深信，技术创新必须立足于实际需求。车间里经常响起他询问工人意见的声音："你们觉得这个工序还能怎么改进？哪些地方操作起来不顺手？"每当看到工人们眼中燃起思考的光芒，他就知道，创新的火种正在悄然萌发。那些来自一线工人们的建议，往往能带来意想不到的灵感，激发出全新的技术突破。

2018年的深秋时节，第一批试制车架终于完成了最后的检测。当廖国锋站在成品车架旁边时，那份成就感让他的眼眶有些湿润。车架表面的每一道焊缝，都仿佛在诉说着过去几个月的奋斗历程。他轻轻抚摸着那些棱角分明的焊接线条，回想起团队成员们挥汗如雨的身影，内心充满感激。这不仅是一次技术的突破，更是团队协作的完美见证，是每一个参与者智慧和汗水的结晶。

"技术创新不能仅仅停留在技术层面，"廖国锋时常这样告诉团队成员，"它更应该体现在工作方式的改进、团队配合水平的提升，以及每个人解决问题能力的提高上。"在他的带领下，团队不仅建立起一套科学的工作流程，而且营造了互帮互助、共同进步的良好氛围。从材料准备到最终检验，每个环节都有明确的标准和负责人，工作效率和质量都得到了显著提升。

2018年的冬天特别寒冷，但车间里依然热火朝天。那年的柳州下了难得的一场雪，站在窗边，廖国锋看着外面飘落的雪花，内心却充满温暖。这一年来，经手的项目像是一粒粒种子，在团队的精心培育下茁壮成长。那些深夜的讨论、反复的试验、克服的困难，都将成为未来获得更大成功的基石。在寒冷的车间里，处处洋溢着温暖和希望。

"明年的挑战会更大，"他望着窗外纷飞的雪花说，"但是只要我们坚持创新，始终保持这种团结协作的精神，就永远不会被困难打倒。"这种永不止步的精神，不仅是他个人前进的动力，更成为整个团队的精神支柱。在这个寒冷的冬夜里，廖国锋已经在心中描绘着来年的蓝图，期待着与团队成员一起创造新的辉煌。

团队建设重培养

2019年的春天来得格外早。一大清早，廖国锋就站在培训室里，面对着一群充满期待的年轻面孔。这是他今年带的第一批学员，有来自广西机电学院的焊接专业大专生，也有刚入职的大学生，还有供应商派来的技术人员。"焊接不只是一门技术，更是一门艺术。"他微笑着说道，眼神中透着对技术的热爱与执着。

⊙ 廖国锋对新员工进行入职培训

　　培训室的墙上挂满了焊接工艺图和各类样品的照片，桌上摆放着大小不一的焊接零件。廖国锋拿起一个焊接完美的样品，细致地向学员们讲解每一个细节："看这条焊缝的弧形，感受它的均匀度，这不仅需要稳定的手法，更需要对材料特性的熟练把握。"年轻人专注地听着，时不时拿起样品仔细观察，教室里不时响起热烈的讨论声。

　　"你们知道吗？每一次焊接失败都是一次宝贵的经验。"廖国锋经常这样鼓励学员们。在他的培训计划中，不仅有理论课程，更有大量的实践环节。他坚信，只有在实践中才能真正掌握技术的精髓。那些被焊接火花灼坏的工作服、沾满油污的手套，都是学习路上不可或缺的印迹。

　　这一年，廖国锋共带了58名学员，其中有15人是广西机电学院的焊接专业学生，有19人是新入职柳工集团的大学生，有12人是供应商的工艺和操作人员。每一个学员在他眼中都是独特的，他会根据不同人的特点制定个性化的培训方案。"教学相长，"他常说，"看到学员们一天天进步，自己也在不断成长。"

　　与此同时，技术创新的脚步从未停歇。正面吊的研发工作进入了关键阶段，廖国锋带领团队成员专注于拼焊工装的设计和制作。在夏日的车间里，即使汗水打湿了工作服，他依然认真地检查每一个焊点。终于，在团队的不懈努力下，正面吊的加工工艺日趋成熟，质量也越来越稳定。

也是在2019年，在"动臂板圆搭机器人焊接"项目中，廖国锋带领团队进行了大量的验证工作。实验室里堆满了各种焊接样品，每一个不同的焊脚、焊接层数、熔深参数都经过反复测试。"数据是最好的证明，"他说，"只有充分掌握了实验数据，才能为公司的决策提供可靠的依据。"

在2019年末的技能比武中，廖国锋指导的团队成员取得了第三、四、六名的好成绩。看着团队成员站在领奖台上的自豪模样，他的眼中闪烁着欣慰的泪光。这不仅是对团队成员实力的肯定，更是对他培养理念的认可。

这一年间，他曾15次奔赴各地，为用户解决维修问题。每一次出差，他都会仔细记录遇到的问题，分析其中的设计和工艺因素，这些宝贵的一线经验最终都转化为改进的方案。"用户的问题就是我们改进的方向，"他常说，"每一次服务都是一次学习的机会。"

坐在返程的火车上，廖国锋翻看着这一年的工作笔记。在密密麻麻的记录中，既有技术创新的思考，也有教学相长的感悟。望着窗外飞逝的景色，他的嘴角露出欣慰的微笑："钻研技术的道路没有终点，只有不断前进的脚步。而能带领更多年轻人走上这条路，或许就是最大的幸福。"

在2020年的特殊时期，廖国锋和他的团队却在危机中寻找到转机。在常规生产任务减少的情况下，他们反而有了更多的时间专注于技术创新和工艺改进，这种"化危为机"的思维，让整个团队在逆境中找到了新的发展方向。

一个寒冷的早晨，廖国锋戴着口罩，手持消毒液，站在车间入口处等待测温。在凛冽的寒风中，他思考着今年的新目标。"虽然形势特殊，但创新的步伐不能停。"他一边整理着厚厚的工作计划，一边对身边的同事说。这一年，他们面临着32个项目的挑战，其中5个涉及全新的产品和工艺研发。车间里不再像往常那样人头攒动，但每个人的眼神中都透露着坚定。

会议室里，廖国锋正带领团队成员讨论正面吊九号机的焊接工艺改进方案。高清屏幕上显示着详细的数据分析图表，桌面上摆放着各种焊接试验样品。"看这个数据曲线，"他指着屏幕说，"焊接电流的波动会直接影响焊缝质量。在当前人手紧缺的情况下，我们必须通过工艺优化来确保产品质量。"会议持续了整整3个小时，每个人都在记录本上写满了密密麻麻的字。

　　春寒料峭。车间里，廖国锋带领团队成员开展设备升级改造工作。25台设备的升级工作被细致地分解成多个小组同步进行，每个小组都配备了详细的作业指导书和应急预案。"在这个特殊时期，更要注重细节。"廖国锋一边调试焊接机器人的程序，一边向组员们解释参数调整的原理。改造后的设备不仅实现了更高水平的自动化，其采集的海量数据也为后续的智能化升级打下了坚实的基础。

　　在深夜的实验室里，只有电脑屏幕和焊接的火花在闪烁。廖国锋和几名核心技术人员正在进行新工艺的验证实验。"当前的形势，给了我们一个重新思考传统工艺的机会。"他一边分析实验数据，一边在电脑上修改参数。经过不懈的努力，他们成功将多个手工焊接工序改为机器人自动焊接，不仅解决了人手不足的问题，更让产品质量达到了前所未有的稳定水平。

　　盛夏时节，骄阳似火，但数字化车间内依然井然有序。一个振奋人心的消息传来：新改进的工艺不仅让产品合格率创下新高，更实现了生产效率的显著提升。廖国锋站在生产线旁，看着机器人精准的焊接动作，内心充满自豪。"这不仅是技术

⊙ 廖国锋在生产线尝试编写机器人焊接程序

的进步，"他对前来参观的同事说，"更是我们团队在特殊时期展现出的创新精神。"

进入11月，廖国锋站在崭新的生产线前，开始谋划更具挑战性的任务——构件厂焊接机器人自动化生产线的智能化升级。这个项目不同于以往的简单改造，而是融合了柔性制造、机器视觉等多项先进技术。"智能制造不是遥不可及的未来，"他向团队成员阐述项目愿景，"而是我们必须立即着手的现实。"

在改造过程中，廖国锋特别关注人机协作的优化。"真正的自动化不是冰冷的取代，"他在一次技术研讨会上说，"而是让机器成为人类的得力助手。"经过无数次调试和改进，新系统不仅实现了更高效的生产，还让操作变得更加简单直观，大大降低了工人的劳动强度。

在岁末的工作总结会上，大屏幕上的数据令所有人振奋：设备运行效率提升42.85%，一次合格率创历史新高，很多原本需要手工返修的工作实现了机器人自动完成。不过，廖国锋最看重的不是这些数字，而是团队在这一年里展现出的创新精神和面对困难时的凝聚力。

在午夜的车间里，机器人依然在有节奏地工作着，发出轻微的嗡鸣声音。廖国锋坐在控制室里，借着屏幕的微光写着工作笔记。这一年的经历让他在工作笔记上写下了自己的深刻体会：技术创新不仅需要专业知识的积累，更需要在挑战面前保持开放和进取的心态。月光透过窗户洒在崭新的生产设备上，照亮了这个在挑战中不断前行的团队。

创新精神永向前

2021年伊始，廖国锋就面临着一项重大挑战——"装载机动臂自动化生产线的进一步优化"项目启动。与往年不同的是，这一项目显得格外宏大：30个项目需要完成，其中6个关乎全新技术的突破，7个涉及生产线的整体升级。隆冬的清晨，当第一缕阳光透过车间的玻璃顶洒落时，廖国锋已经站在生产线旁，仔细地检查着每一台设备的运行状况。

"现在不是简单的技术改良，而是整个生产理念的革新。"廖国锋一边调试新安装的传感器，一边对身旁的年轻工程师说道。在他面前的电脑屏幕上，实时显示着生产线各个环节的运行参数。这套由他带领团队开发的智能监控系统，能够实时捕捉每一个焊接参数的细微变化，为质量控制提供精准的数据支持。

当清晨的阳光洒进改造一新的车间里，廖国锋已带领团队成员对52台设备进行全面升级。这些设备中有些来自新余、桂林、哈尔滨等地，每一台都有其独特的技术特点。"不同的设备有不同的'性格'，"他常常这样形容，"我们要做的不仅是让它们各自发挥所长，还要让它们协同工作，形成一个有机的整体。"

8月的一天，午后的阳光格外明媚。廖国锋站在改造成功的数字化车间里，看着一台台机器人精准地进行焊接操作。经过团队成员不懈地努力，他们实现了产能跨越：从5月到8月，累计焊接完成180台（套）产品。不得不说这是一个惊人的业绩。"这不仅是数字的提升，"他抚摸着一道完美的焊缝说道，"更是整个团队在技术创新道路上的重要里程碑。"

盛夏时节，一个更具挑战性的项目摆在廖国锋面前——柔性化智能制造系统的构建。这不再是简单的自动化改造，而是要将人工智能、机器视觉等前沿技术融入传统制造流程。白天，他带领团队成员进行设备调试；夜晚，他常常独自在实验室里研究新的算法和工艺参数。

"看这个焊缝的横截面，"廖国锋指着显微镜下的样本对团队成员说，"我们的新工艺不仅提高了生产效率，而且确保了内部结构的稳定。"在他的带领下，团队成员成功地将机器人焊接工作的生产效率提升了42.85%，产品一次合格率也再度创下新高。

2021年的初秋时分，廖国锋开始参与柳工的一项更具前瞻性的工作——未来工厂的规划设计。他在一次技术研讨会上提出："将来的工厂不仅要实现自动化，更要实现智能化、网络化、柔性化。"为此，他带领团队成员深入研究了工业4.0的理念，将数字孪生、预测性维护等先进概念逐步融入生产实际中。

廖国锋组织团队对过去一年的技术创新成果进行梳理。一项项数据背后，是无数个加班的日日夜夜，是团队成员们无私的付出和智慧的结晶。"每一个突破，都是团队成员共同努力的结果，"他在总结会上动情地说，"而每一次创新，都将成为我们继续前进的新起点。"

不知多少个傍晚，廖国锋站在焊接机器人前，观察着机器的运行状态。操作台上的监控屏幕显示着各项参数的实时数据，一切都在有条不紊地进行中。这一年来，他和团队成员不仅完成了年初定下的技术改造任务，而且开创了多项技术创新的先河。新型焊接工艺的应用、智能制造系统的构建、柔性生产线的优化……每一项成果都凝聚着团队成员的心血。

在年末的工作总结会上，当廖国锋展示团队一年来的技术创新成果时，会议室里响起了热烈的掌声。这些成果不仅体现在数据上，更体现在每一个团队成员脸上洋溢的自豪感中。有人问他："如何实现这么多次技术革新，保持旺盛的创新动力？"他谦虚地说："创新永远没有终点，但有了这样一支优秀的团队，我相信我们能够克服一切困难，实现一切目标。"

百尺竿头更进步

廖国锋的学习热情和进取心态，不仅仅是为了自己的职业发展，更是为了更好地服务社会。他深知，在焊接行业，技术的更新迭代非常迅速，每一项新的技术都会为生产带来革命性的变化。廖国锋始终保持警觉，随时准备抓住这些变化带来的机会，将新技术应用到实际工作中，以此来推动公司的发展。

　　廖国锋是一位不可多得的优秀员工，在他的职业生涯中他一直在不停地奋斗和不懈地创新。他为公司的技术进步和生产效率的提升作出了巨大贡献，也帮助公司培养了一批批优秀的人才。在他的影响下，公司内的技术氛围愈加浓厚，员工的技能水平逐渐提升，整体的工作效率和质量也得到了显著提升。

　　廖国锋的专业能力也是行业内首屈一指的。他不仅拥有丰富的理论知识，更具备实战经验。他既能从理论的角度分析问题，又能从实践中总结出行之有效的解决方法。每当公司遇到技术难题时，他总能第一时间提出有效的解决方案，并付诸实践，最终带领团队成员成功攻克难关。他的专业能力不仅让同事们刮目相看，也让他在业界赢得了广泛的赞誉与认可。

　　通过多年的实践和市场观察，廖国锋逐渐掌握了行业的发展趋势，他牢牢把握市场需求和技术创新的结合点，深入洞察市场动态，为公司赢得了无数发展的机遇，成功推动了公司在激烈的市场竞争中占据有利位置。他总是能在第一时间抓住市场机会，将其转化为公司的发展动力。廖国锋的创新精神引领着大家不断前进。他不仅仅在工作中解决了问题，更在思想和理念上作出了许多创新。他总是能够准确捕捉其他人没有注意到的细节，总能从不同的角度审视问题，发现其中潜在的机会和风险。在他的带领下，团队中的每个成员都充满了创新的激情，勇于尝试新的方法，去解决工作中遇到的各种问题。他始终保持敏锐的触觉，不断尝试新的模式和理念，不仅为企业带来了源源不断的新机会，更为整个行业树立了新的标杆。廖国锋的创新精神，不仅仅体现在产品的改进上，还体现在对工作流程、管理方式、团队合作等方面的革新上。他的创新思维和实践行动，为行业的进步注入了源源不断的活力，也为更多的企业提供了借鉴和参考。

在未来的道路上，廖国锋依旧会秉持着对技术的执着追求，继续为公司和行业的发展贡献力量。因为他不仅拥有超群的专业技能，更具有一颗不断追求卓越的心。

⊙ 廖国锋在生产线进行智能焊接

第八章　喜结良缘庆同心
以身作则培英才

扫码解锁

◎群英颂歌 ◎焊匠传奇
◎创新焊艺 ◎奋斗底色

一见钟情结良缘

廖国锋的婚姻生活，就像一幅交织着温馨与幸福的画卷。他与妻子唐艳芳的相遇，就像一首优美的诗歌，旋律悠扬，令人陶醉。时间回到1999年，那时的廖国锋，还只是柳工路面机械有限公司的一个班长，工作努力，待人热情。他的好友唐国龙邀请他去桂林的家里做客，也是那一次廖国锋第一次见到了唐国龙的妹妹唐艳芳。那时的唐艳芳在桂林粮贸局仓库工作，身材苗条，面容秀丽，廖国锋对她一见钟情，心中暗暗下定决心，一定要娶到她。

回到柳州后，廖国锋抑制不住自己对唐艳芳的思念。他们二人分隔两地，当时没有手机，只能通过书信交流。廖国锋用文字表达自己的感情，一封封情书满载着他的诚意和思念从柳州寄往桂林，就是这样的坚持，最终打动了唐艳芳。他们的感情，就像一棵小树，慢慢成长，最终枝繁叶茂。

结婚后，唐艳芳也调到了柳工路面机械有限公司工作，和廖国锋在同一个车间。那时，廖国锋已经获得了很多荣誉，小有名气。他的工作强度很大，经常加班。好在妻子唐艳芳全力支持他的工作，包揽了家中的所有事务，细心照顾着家里的孩子和老人。他们的小家庭充满了和谐与温馨。

廖国锋热爱生活，热爱家庭。只要放假，他就会带上家人去郊游、钓鱼、吃饭。他会和妻子聊聊家常，聊聊孩子的学习和最近工作中遇到的事情。虽然现在廖国锋仍然非常忙碌，但妻子唐艳芳从未抱怨过，唐艳芳说："他是一个很专一的人，咬定目标就不会松口。那时候他为了准备焊接比赛，吃饭、走路都想着怎么才能焊好。有一次，我半夜醒来喝水，发现他书房还亮着光，进去一问，他说再看看明天的比赛还有什么可以改进的。他经常把'给我一段时间，我一定拿下这个目标，我就不信邪'这句话挂在嘴上。平时，他专心工作，虽然陪伴我们的时间不多，但是一有时间，他就会带我们去野营、钓鱼、游泳，他经常告诉闺女，该工作的时候就要认真工作，该玩儿的时候就要全心玩儿。"

廖国锋的家庭氛围十分和谐。廖国锋和女儿廖湘怡的关系很好，二人几乎无话不谈。爸爸的努力和辛苦廖湘怡都看在眼里，她更为爸爸取得的荣誉而自豪。廖国锋一有空就会带她出去玩儿，父女二人一边享受大自然带来的惬意，一边放松地聊天。在爸爸的影响下，女儿勤奋好学，为人诚信踏实，热爱生活。现在的廖国锋家庭幸福，一家三口其乐融融。如今，妻子唐艳芳在宁铁物流工作，是一名起重机操作员，女儿廖湘怡也在2021年顺利考上了鲁迅美术学院。

言传身教育栋梁

廖国锋在生活中始终保持着艰苦朴素的品质，这也在潜移默化中影响了女儿。虽然廖湘怡在辽宁读大学，离家三千公里，但她从未让父母担心过。受父亲的影响，她也厉行节俭，不仅在日常生活中勤俭节约，还在大学里勤工俭学，负担自己的日常开销。

在女儿眼中，廖国锋是一个慈爱、有包容心、善于鼓励人的父亲。廖国锋鼓励女儿大胆尝试没有做过的事情，很少去限制她，让她自由发展。每当女儿遇到困难想放弃时，廖国锋总会鼓励她："一个办法行不通，就换个方法，办法总比困难多。"这种积极向上的态度让女儿在面对困难时总能迎难而上。廖湘怡还和父亲一样，学会了合理安排自己的时间，这一点也让她在学习和生活中受益匪浅。在一次家庭聚会上，廖湘怡对父亲说："爸爸，我很感谢你对我的影响。你让我明白了，不管遇到什么困难，只要坚持努力，就一定能够成功。你对我的教育方式也让我受益终身。"廖国锋微笑着回答："女儿，只要你能够健康快乐地成长，我们就很满足了。你要记住，只要你有信心和勇气去面对，人生就没有过不去的坎儿。"

那次家庭聚会后，廖湘怡更加坚定了自己的信念。在未来的日子里，她会更加努力地追求自己的梦想，不辜负父亲的期望。每天清晨，当第一缕阳光穿透窗帘，照在她那堆满书籍和笔记的书桌上时，廖湘怡便已开始了新一天的学习，她深知，成功的路上没有捷径，唯有坚持不懈，才能到达彼岸。

第九章　劳模表彰进京城
牢记使命创新优

扫码解锁

◉群英颂歌 ◉焊匠传奇
◉创新焊艺 ◉奋斗底色

平凡岗位铸辉煌

　　"西装皮鞋加领带，阿哥今天可真帅。人逢喜事精神爽，我到北京来领奖。"在广西壮族自治区总工会的引领下，廖国锋踏上了通往首都的列车，满怀激动与期待。他的心中充满了荣耀与自豪，因为他将代表广西的广大工人团体，参加全国劳动模范和先进工作者表彰大会。

　　列车飞驰，穿过壮丽的群山和广袤的田野，向着繁华的首都前进。廖国锋的思绪也随着车轮的转动而飞扬，他想到了自己多年来在工厂里的辛勤付出，想到了与工友们共同度过的艰难时刻，也想到了国家对劳动者的重视和关怀，内心波澜起伏。他紧握着手中的车票，眼前浮现出多年来为这份荣誉付出的艰辛。他的心跳加速，回想着自己在工作中一次次的努力和坚守。无数个加班的夜晚，他站在焊接岗位上挥洒汗水的瞬间，这些都已经成为他生命中最宝贵的记忆。在这些记忆中，他不仅看到自己和他人的成长，也感受到整个工人团体的坚韧与不屈。他想到了自己的家乡，想到了培养他成长的柳工，想到了那些曾经与他并肩作战的工友们，所有的一切都让他觉得自己这一生没有虚度。

2015年4月28日，这是一个光荣的日子。这天，阳光洒满了大地，廖国锋庄严地走进了人民大会堂，庆祝"五一"国际劳动节暨表彰全国劳动模范和先进工作者大会在北京隆重举行。

大厅里，廖国锋感受到一种前所未有的庄严和神圣。周围的劳动模范们，他们有的头发已花白，面容饱经风霜，但眼中依旧闪烁着光芒；有的还很年轻，充满着朝气与干劲，大家站在一起，仿佛一幅气吞山河的画卷，展现了中国人不屈不挠、拼搏奋进的精神面貌。

全国各地的劳动模范和先进工作者，有的来自田间地头，有的来自工厂车间，有的来自科研一线……虽然职业不同，但他们都为国家的发展和进步作出了卓越的贡献。

廖国锋的心情愈加激动，自己作为工人阶级的一员，能站在这样一个崇高的舞台上，实在是无比荣耀。他们的每一份努力，每一滴汗水，都是这个时代的力量。正是在这样的力量背后，国家才得以迅速发展，社会才得以不断进步。他回忆自己每天在焊接岗位上，不惧艰难、默默奉献的日子，每一次付出、每一次成功，都是为国家发展贡献的一份力量。

大会上，习近平总书记强调："我们要始终坚持人民主体地位，充分调动工人阶级和广大劳动群众的积极性、主动性、创造性。人民是历史的创造者，是推动我国经济社会发展的基本力量和基本依靠。……我们一定要发展社会主义民主，切实保障和不断发展工人阶级和广大劳动群众的民主权利。要坚持党的领导、人民当家作主、依法治国有机统一，坚持工人阶级的国家领导阶级地位，……要推进基层民主建设，健全以职工代表大会为基本形式的企事业单位民主管理制度，更加有效地落实职工群众的知情权、参与权、表达权、监督权。……我国工人阶级和广大劳动群众要增强历史使命感和责任感，立足本职、胸怀全局，自觉把人生理想、家庭幸福融入国家富强、民族复兴的伟业之中……"

台下掌声雷动，廖国锋的心中充满了感激和自豪，他深深地感受到自己的付出得到了应有的回报。在接下来的日子里，廖国锋与来自各地的代表们共同参与了各种活动，他们分享了各自的工作经验，探讨了未来的创新方向。这些交流让廖国锋受益匪浅，从他们身上学到了许多新的知识和技能，也汲取了他们的经验和先进的工作方法。不同的行业、不同的背景，但大家共同的目标都是服务于国家、服务于人民。

廖国锋深知，作为一名焊接工人，他的技术可以在更广阔的领域为国家建设贡献力量。在与其他模范的交流中，他找到了许多创新的灵感，甚至还产生了关于自己本职工作的新思路，这些都让他更加坚定了自己的初心，也让他更加确信，自己并不孤单，自己正和千万个默默奉献的劳动者肩并肩为国家的未来而努力。

"南龙滩，北三峡，看柳工大力神奔四方；前铲斗，后车架，凝固焊接有我状元郎。"这是他的豪言壮语，也是他激励自己的口诀。回顾20多年的工作生涯，每天面对的是构件的翻转、弧光飞溅、单调乏味且辛苦劳累的焊接工作，廖国锋也有过坚持不下去的时候。那时的他，在巨大的工作压力下，也曾有放弃的念头，内心出现自我怀疑、自我否定的声音。每一滴汗水，都是对身体极限的挑战；每一次焊接，都是对技术的精益求精。他曾经在某个深夜，看着手中的焊枪，感到一丝无力。但是他也深知，只有跨过这些坎儿，才能够迎来更好的自己。于是他咬紧牙关，继续坚守。那一刻，他清楚，背后有太多人的期望、太多人的信任，他绝不能辜负。

砥砺前行续华章

在这一刻，在成绩和荣誉面前，廖国锋心怀感激，他感谢柳工，感谢党的培养，也感谢坚持不懈的自己。他想起了自己这一路走来的艰辛，想起了工厂里那群和自己一起奋斗的工友们，想起了无数个加班夜晚和攻坚时刻。

每一段经历，都是成长的阶梯。看着那些早已传给徒弟们的技术和精神，廖国锋清楚自己不仅是一位焊接工匠，更是团队的领路人。他深知自己肩负着更多的责任，不仅要不断提升个人技能，还要通过自己的努力带领更多的人走向成功。他因此更加严格要求自己，不断提升技能，争做行业的领军人物。他把焊接岗位视为施展才华的舞台，把生产的产品视为艺术品。他无所保留，把自身的技能、绝活儿传授给徒弟。对于他来说，焊接不仅是职业，还是一门艺术，更是一种追求完美的手艺。他教导徒弟们：每一次焊接都要像雕刻艺术品一样，每一件作品都不能有丝毫马虎。廖国锋的每一门技艺，都是他自己亲身实践和思考的结晶。在他看来，焊接不仅仅是一个单纯的工作，更是工匠精神和责任心的高度体现。

在表彰大会结束后，廖国锋回到工作岗位，一如既往地奋斗在生产一线。他说："我并未因荣誉而骄傲，更多的是陶醉在亲手创作的'艺术品'中。"他明白，这份荣誉只是暂时的，只有通过不断的努力和创新，才能对得起这份荣誉。他继续深入工作一线，带领团队成员不断改进技术，提升生产效率。他从不因荣誉而停下脚步，相反，他更加努力地工作，带领大家一起攻坚克难，为公司的发展贡献力量。

2015年5月至10月期间，他辗转南宁、贵港、贺州、桂林、来宾等地，走进学校、政府机关和企业，分享他的经验。在这些地方，廖国锋不仅展示了自己的技艺，更通过讲述自己的奋斗历程，激励更多年轻人投身工匠精神的传承与技术创新之中。

如今，廖国锋已经成为全国劳动模范和先进工作者的代表，他的事迹激励着更多的人投身于国家建设和发展中。从一名普通的焊接工人到如今的全国劳动模范，廖国锋的成长历程，不仅是一个职业工人的奋斗故事，更是一个时代工匠精神的真实写照。每一项荣誉的背后，都是他无数个日日夜夜的努力和汗水，他用自己的实际行动向世人证明了"平凡岗位也能铸就不平凡的人生"。在未来的日子里，廖国锋将继续带领团队攻坚克难，为国家的繁荣昌盛贡献自己的力量。

对于廖国锋来说，荣誉从来不是终点，而是新的起点。站在新的高度上，他清楚地知道，自己肩上的责任更加重大。他并没有因为获得全国劳动模范的殊荣而停下前进的步伐，反而更加坚定了为国家、为社会贡献力量的决心。每一项新的技术攻关，每一项工艺的创新，每一次团队的突破，都将是他新的奋斗目标。他时常在心里告诉自己："荣誉不仅仅是对过去的肯定，更是对未来的召唤。"每当自己遇到困难、想要放弃时，他都会回忆起获得荣誉的那一刻，回忆起工友们、家人们以及那些支持他的人们的面孔，他不允许自己辜负这一份份期许。因此，他更加努力地工作，带领团队成员一同攻坚克难，不断创新，不断超越，以实际行动回馈社会，让那些关心他的人为他骄傲。同时，他也将一如既往地投身焊接行业，用自己的实际行动回馈社会，让更多人受益。

如今，焊接对于廖国锋来说，不仅是一项技能，更是一种情感的寄托。他把焊接工作看作是与时代同行的一份责任，他曾说："每一次焊接操作，不仅仅是将金属焊接在一起，更是在自己心中焊接着一个坚韧不拔、不断追求完美的灵魂。"每当他站在焊接工位上，那种成就感和使命感便油然而生。无论面对多么繁重的工作，他总是全身心地投入，哪怕是最小的细节，他也力求做到完美。

时光荏苒，岁月如梭。廖国锋在平凡的岗位上书写着不平凡的华章。他已经不再是那个刚入厂时年轻懵懂的毛头小子，而是一个深得工友们爱戴、技术精湛、责任感满满的行业榜样。回首自己的职业生涯，每一项任务，他都竭尽全力，毫无保留。他曾经经历过挫折和挑战，但也正是这些磨砺，让他变得更加坚强。廖国锋并没有因为职业上的成功而骄傲自满，反而常常提醒自己："每一个成功的背后，都是无数次失败的积累。"这一点，也成为他不断追求卓越、勇于面对挑战的动力源泉。在他心中，焊接不仅仅是完成一项任务那么简单，而是一种对自我要求的体现，是对工艺和技术不断追求的过程。他把每一个焊接点、每一段接头，都当作是一件艺术品去精雕细琢。他坚信，技术的力量是无限的，只有不断创新、不断提升技能，才能在这个日新月异的时代中立于不败之地，才能继续为公司、为社会、为国家贡献力量。

廖国锋的事迹不仅仅激励了柳工的员工，更深深感染了社会各界。他用自己的实际行动诠释了"工匠精神"的真正含义——那是对工作无怨无悔的坚持，对技术精益求精的不懈追求。很多年轻人看到了他的努力和付出，纷纷向他学习，渴望在自己的岗位上做出不平凡的业绩。廖国锋的影响力超越了岗位本身，成为行业内每一个普通劳动者的榜样，他的名字已经和工匠精神紧密相连，成为责任、坚持和奉献的代名词。在未来的道路上，他将带着荣誉与责任，继续前行，为实现更加美好的明天而努力拼搏！廖国锋明白，自己未来不只要完成日常工作，他更肩负着引领行业发展、推动行业进步的重要使命。作为一名劳动模范，他不仅仅代表着个人，更代表了千千万万在平凡岗位上默默奉献的工人们。他深知，自己肩负的责任更重，但他也充满了动力，充满了对未来的信心。每一个即将到来的挑战，都会是他继续努力的动力。

他曾经说过："我不会因为获得了荣誉而停下前行的脚步，更不会因为表彰而满足。我始终相信，自己还有更大的潜力需要挖掘，仍有更多的工作需要完成。"他知道，在未来的道路上，仍有更多的难关等着他去突破，仍有更多的挑战等着他去面对。他已经准备好继续前行，带领团队成员一起攻坚克

⊙ 廖国锋参加2015年庆祝"五一"国际劳动节暨表彰全国劳动模范和
先进工作者大会

难，继续为国家的繁荣昌盛贡献自己的力量。

不管未来如何变化，廖国锋都会以自己的行动，继续传递正能量，鼓舞更多的人投身国家的建设。在他看来，自己的职责不仅仅是在技术上取得成就，更要用自己的榜样作用，去激励和引导更多的人，尤其是年轻一代，让他们在平凡的工作岗位上也能发现自己的价值，展现自己的光彩。

他深知，国家的建设需要每一位劳动者的默默奉献，而自己正是其中的一分子。在未来的岁月里，廖国锋将继续走在这条不平凡的道路上，为了更加美好的明天，继续拼搏，不断创新。他的梦想并不遥远，就在自己每天为之奋斗的岗位上，他将继续用自己的实际行动书写更加辉煌的篇章。

扫码解锁

◎群英颂歌 ◎焊匠传奇
◎创新焊艺 ◎奋斗底色